フォーカスオンフォームで身につく

トライ！コリアン！

ゆう　きょんみ

朝日出版社

この教科書で学ぶみなさんへ

フォーカス・オン・フォーム（focus on form）とは、実際に話せる能力、コミュニケーション能力の伸長を第一に考えた、新しい文法の学び方です。長年、外国語を習っているのに**話せない**。このような苦い経験をした人は少なくないと思います。系統的な文法説明、機械的な反復練習、決められたフレーズに沿った会話練習。私たちの多くが体験したこうした伝統的な学習法は、外国語の知識を得るのには役立ちますが、実際に話せる能力を伸ばすのには適さないことが、第二言語習得分野の研究によって分かってきました。

実際に話せるようになるにはどうしたらいいでしょうか。フォーカス・オン・フォームの理論的な土台を作ったサヴィニョン氏は「人はコミュニケーションをすることによってコミュニケーションの仕方を学ぶ」と明言しました。運転できるようになるためには、**本物**の車に乗って、車を動かしてみなければならない。実際に話せるようになるためには、相手と話してみなければならない。至極当然のことのように思えますが、その状況を教室で作るのは簡単ではありません。なぜなら、サヴィニョン氏のいうコミュニケーションとは、**本物**のコミュニケーションでなければならないからです。

私たちは、目的があって人と会話をします。たとえば、友達と一緒に食事をするとしましょう。そこで、いつにするのか、何を食べるのか、相手と話をします。本物のコミュニケーションには、話さなければならない理由や目的があり（一緒に食事をする）、その目的を達成するために情報のやり取り（いつ、何）を行います。これらの情報はそれまでには知らなかったものであり、相手と話すことによってはじめて得られたものです。ところが伝統的な学習法では、フレーズや会話文を練習するのが目的になり、相手と話さなければならないコミュニケーション上の積極的な目的がありません。また、決められたフレーズや単語の入れ替えでは、やり取りする情報が会話する前に周知されてしまいます。したがって、本物のコミュニケーションとはいえず、コミュニケーション能力を伸ばすことにはつながらないのです。

フォーカス・オン・フォームは、**コミュニケーション活動**を使って、本物のコミュニケーションの機会を提供します。みなさんは、コミュニケーション上の目的（TASK）を達成するために韓国語を使って友達と会話をします。そのなかで、ある文法項目（form）がいつ、どこで、どのような意味で使われているかを**自然**に理解します。フォーカス・オン・フォームでは、文法は教えられるものではなく、自ら**気づく**（noticing）ものです。「知識としての文法」ではなく、**使える文法**を身につけるためには、この「アハ！」という**気づき**が不可欠といわれています。

初めて車で道路に出たとき、誰もが緊張し、戸惑い、失敗するものです。しかし、それらは運転が上達するためには欠かせません。本物のコミュニケーションがそうであるように、フォーカス・オン・フォームで行うコミュニケーションでは、緊張し、戸惑い、ときには失敗もします。この教科書は、みなさんがこれらコミュニケーション上の困難を乗り越え、楽しむことができるように工夫しました。**本物**のコミュニケーションを通して、**使える文法**を身につけ、**実際に話せる**ようになることを応援しています。

Savignon, S. J. (1997). *Communicative competence: Theory and classroom practice* (2nd ed.), New York, NY: McGraw-Hill.

本書の制作にあたっては、名古屋外国語大学大学院 TESOL（英語教授法）コース修了生らが制作したコミュニケーション活動（下記の書に収録）から着想を得ました。また、名古屋外国語大学大学院 TESOL（英語教授法）プログラム主任教授の佐藤一嘉氏のほか、神崎淳子氏（常葉大学附属常葉高等学校教諭）、大須賀博美氏（元愛知県公立中学校教諭）ら、多くの大学院関係者からご助言とアイディアをいただきました。ここに記して、感謝いたします。

佐藤一嘉編著 (2012)『新しい英文法指導アイデアワーク中学 1 年』明治書院.
佐藤一嘉編著 (2012)『新しい英文法指導アイデアワーク中学 2 年』明治書院.
佐藤一嘉編著 (2012)『新しい英文法指導アイデアワーク中学 3 年』明治書院.

ゆう きょんみ（劉 卿美）
長崎大学言語教育研究センター 教授

本書の構成と使い方

この教科書は、みなさんの韓国語のコミュニケーション能力を楽しく、確実に伸ばすことができるように、次のような構成になっています。

TASK　タスク

コミュニケーション活動をします。友達と会話しながら、新しい文法項目を学ぶことができます。

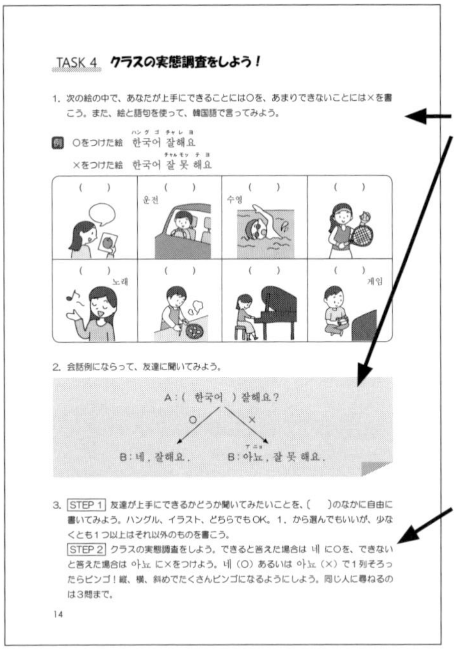

TASK 4　**クラスの実態調査をしよう！**

1. 次の絵の中で、あなたが上手にできることには○を、あまりできないことには×を書こう。また、絵と語句を使って、韓国語で言ってみよう。

例　○をつけた絵　한국어《ハングゴ》 잘해요《チャレヨ》
　　×をつけた絵　한국어 잘 못《チャルモッ》 해요《テヨ》

2. 会話例にならって、友達に聞いてみよう。

A：（ 한국어 ）잘해요?
○ B：네, 잘해요.
× B：아뇨《アニョ》, 잘 못 해요.

3. STEP 1 友達が上手にできるかどうか聞いてみたいことを、（　　）のなかに自由に書いてみよう。ハングル、イラスト、どちらでもOK。1. から選んでもいいが、少なくとも１つ以上はそれ以外のものを書こう。
STEP 2 クラスの実態調査をしよう。できると答えた場合は 네 に○を、できないと答えた場合は 아뇨 に×をつけよう。네（○）あるいは 아뇨（×）で１列そろったらビンゴ！縦、横、斜めでたくさんビンゴになるようにしよう。同じ人に尋ねるのは３問まで。

14

コミュニケーションを通して達成したいことをタイトルとして示してあります。

1.～2.
コミュニケーション活動を円滑に進めるための準備活動をします。

3.
コミュニケーション活動をします。

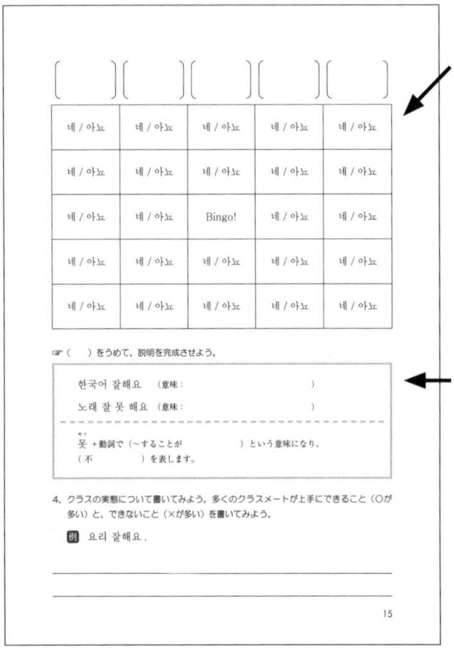

(　　)	(　　)	(　　)	(　　)	(　　)
네 / 아뇨	네 / 아뇨	네 / 아뇨	네 / 아뇨	네 / 아뇨
네 / 아뇨	네 / 아뇨	네 / 아뇨	네 / 아뇨	네 / 아뇨
네 / 아뇨	네 / 아뇨	Bingo!	네 / 아뇨	네 / 아뇨
네 / 아뇨	네 / 아뇨	네 / 아뇨	네 / 아뇨	네 / 아뇨
네 / 아뇨	네 / 아뇨	네 / 아뇨	네 / 아뇨	네 / 아뇨

☞（　　）をうめて、説明を完成させよう。

한국어 잘해요　（意味：　　　　　　　　）
노래 잘 못 해요（意味：　　　　　　　　）

못《モッ》＋動詞で（～することが　　　　　）という意味になり、
（不　　　　　）を表します。

4. クラスの実態について書いてみよう。多くのクラスメートが上手にできること（○が多い）と、できないこと（×が多い）を書いてみよう。

例　요리 잘해요.

15

コミュニケーション活動に使うワークシートです。

まとめの活動をします。

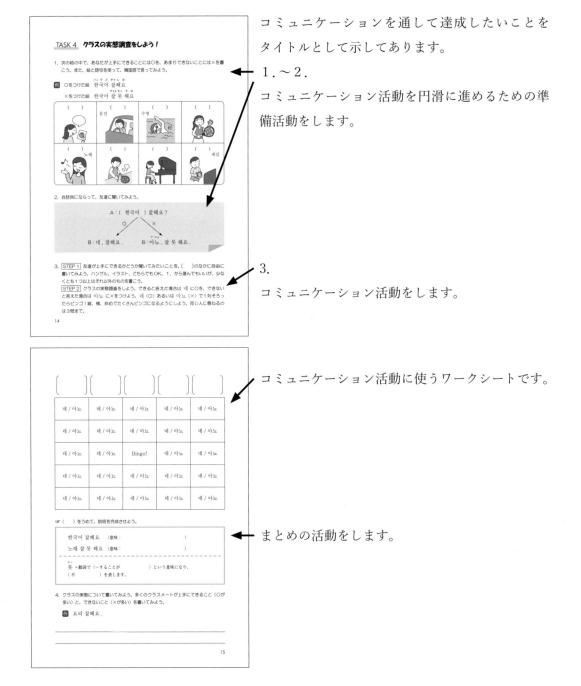

Project　プロジェクト

できるようになりたいことを目標として示してあります。学んだことを振り返り、確かめながら学習を進められます。

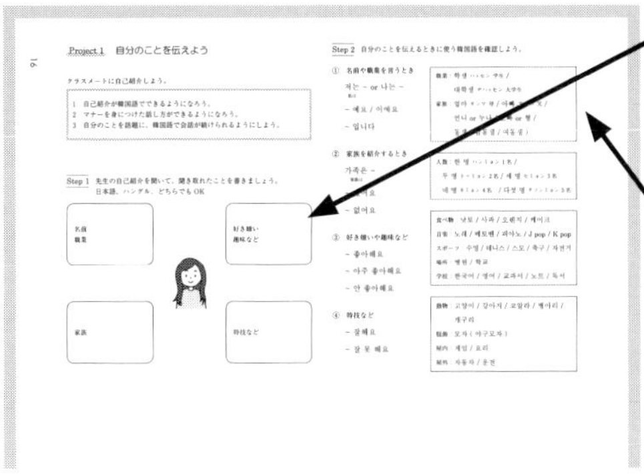

Step 1

リスニングによるコミュニケーション活動をします。

Step 2

それまでに学んだ事項をまとめてあります。どのくらいできているのか、確かめてみましょう。

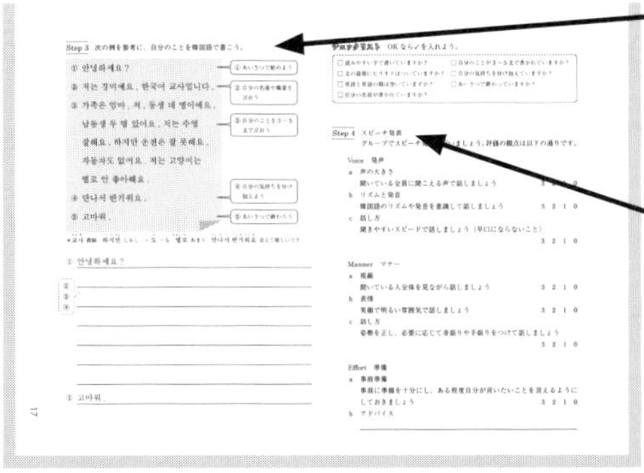

Step 3

ライティングによるコミュニケーション活動をします。

Step 4

スピーチによるコミュニケーション活動をします。

2分会話によるコミュニケーション活動をします。

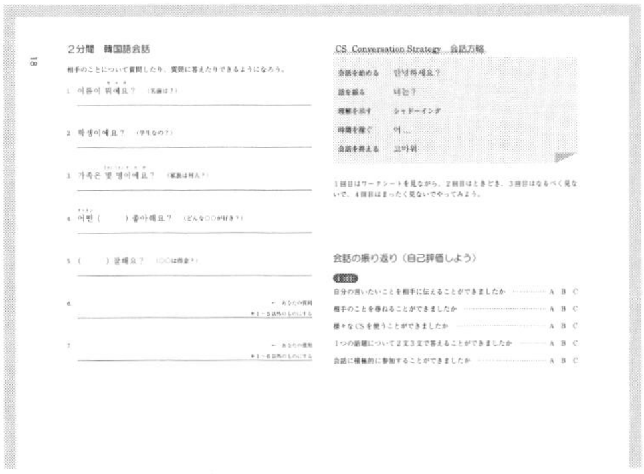

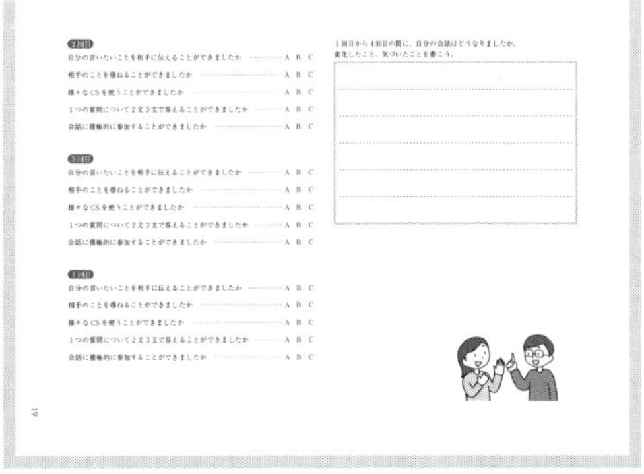

Conversation Strategy　会話方略

会話をスムーズに続けるためのコツをまとめました。うまく言葉が出てこない、無言の間をうめたい、会話をはずませたいときに使ってみましょう。友達と楽しく会話を続けることができます。

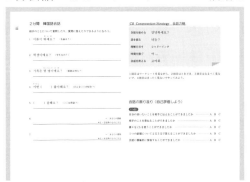

目次

CS

Conversation Strategy 会話方略

TASK《タスク》 & Project《プロジェクト》

TASK 1　透視能力はある？

1. 次のシルエットを韓国語で言ってみよう。

고양이《コヤンイ》	강아지	자동차	자전거《チャジョンゴ》	학교《ハッキョ》	병원《ピョンウォン》
			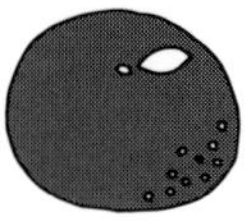		
교과서《キョグァソ》	노트《ノトゥ》	사과	오렌지	야구모자	모자

2. 会話例にならって、上のシルエットを指差しながら友達に聞いてみよう。

会話例①　A：（帽子を指差しながら）（ 모자 ）예요《エヨ》？　**正解**

B：네，（ 모자 ）예요．

会話例②　A：（学校を指差しながら）（ 병원 ）이에요《イエヨ》？　**不正解**

B：（ 병원 ）아니에요．

3. STEP 1　12 種類のシルエットカードの中から、好きなシルエットを１つ選び、裏面に○をつけよう（どこに○をつけたかは友達に言わない）。

STEP 2　友達のシルエットカードを透視しよう！やり方は、じゃんけんをして、負けた人（B）がシルエットカード（絵の面）を見せる。勝った人（A）は、会話例のように質問する。Bは○をつけたカードなら会話例①、○をつけていないカードなら会話例②で答える。Aは○をつけたカードを当てるまで、何度でも質問できる。会話した友達の名前と（日本語でも OK）、透視できたものをハングルで記入し、役割を交代する。決められた時間内にできるだけたくさん友達のカードを透視しよう。

会話した友達の名前	1	2	3	4	5
透視できたもの					
会話した友達の名前	6	7	8	9	10
透視できたもの					

☞（　　）をうめて、説明を完成させよう。

모자예요　（意味：　　　　　　　　　　　　　）

병원이에요？（意味：　　　　　　　　　　　　　）

名詞＋예요 / 이에요 で（　　　　　　）という意味になり、
丁寧な平叙や（　　　　　　）を表します。

4. 自分が透視できたシルエットカードを使って書いてみよう。

例 자전거예요.

(1) ______________________________

(2) ______________________________

(3) ______________________________

(4) ______________________________

(5) ______________________________

TASK 2　きょうだいはいる？

1. きょうだいの言い方を韓国語で言ってみよう。

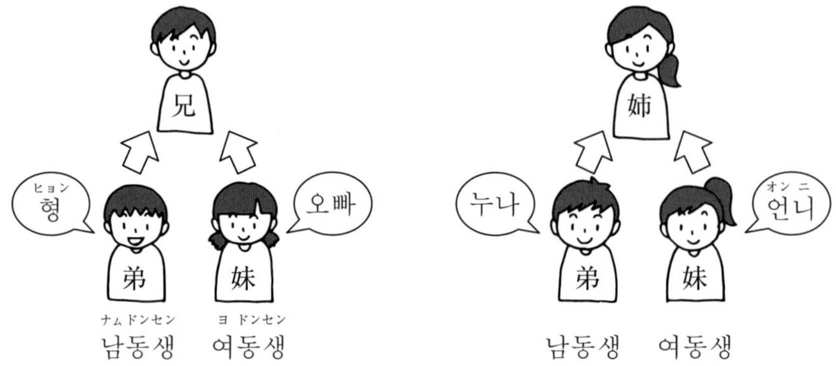

2. 会話例にならって、友達に聞いてみよう。

A：(동생) 있어요《イッソヨ》？　　年下のきょうだい

○ → B：있어요. (남동생 / 여동생) 있어요.

× → B：없어요《オㇷ゚ソヨ》.

男性のBに

A：(형) 있어요？　　年上のきょうだい

B：答える

A：(누나) 있어요？

B：答える

女性のBに

A：(오빠) 있어요？

B：答える

A：(언니) 있어요？

B：答える

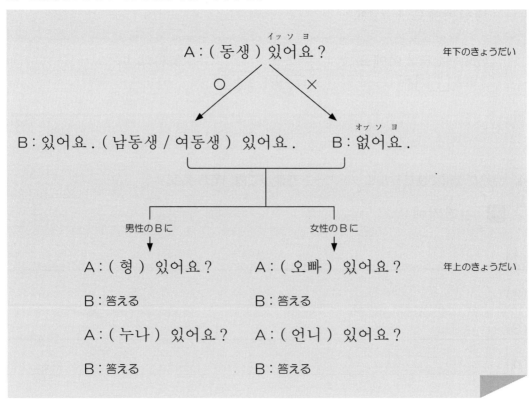

3. STEP 1 何の鳴き声かな？下の鳴き声から選んで、吹き出しに書いてみよう。

강아지　병아리《ピョンアリ》　고양이　개구리《ケグリ》　염소　**King**

《鳴き声》 야옹야옹　개굴개굴　삐약삐약　멍멍《モンモン》　메에메에

STEP 2 友達にきょうだいがいるか聞いてみよう。最初はみんな 강아지 からスタート。멍멍 と鳴きながら、パートナーを見つけよう。会話例にならって会話し、終わったらじゃんけんをしよう。じゃんけんに勝ったら、次の動物に昇格できる。병아리になって 삐약삐약 と鳴きながら、同じく 삐약삐약 と鳴いている仲間を探して会話しよう（同じ動物同士ならペアになれる）。負けた人は、もう一度 강아지 になって繰り返す。誰が一番に王様になれるかな？

☞（　　）をうめて、説明を完成させよう。

동생 있어요？（意味：　　　　　　　　　　）

여동생 있어요（意味：　　　　　　　　　　）

動詞などの語幹＋어요 で（　　　　　　）という意味になり、丁寧な（　　　　　）や 疑問 を表します。

4. あなたのきょうだいについて書いてみよう。

例 저는《私は》 언니하고《と》 여동생 있어요.

____

____

____

TASK 3　相性 No.1 はだれ？

1．次の絵の中で、あなたが好きなものには○を、好きでないものには×を書こう。また、絵と語句を使って、韓国語で言ってみよう。

例　○をつけた絵　낫토 좋아해요《チョアエヨ》

×をつけた絵　낫토 안 좋아해요

2．会話例にならって、友達に聞いてみよう。

A：(　낫토　) 좋아해요？

B：(　낫토　) 아주 좋아해요．　◎

B：(　낫토　) 좋아해요．　○

B：(　낫토　) 안 좋아해요．　×

3．STEP 1 あなたが好きなもの、または嫌いなものを、1つのジャンルに1つ、〔　　〕の中に書いてみよう。ハングル、イラスト、どちらでもOK。1．から選んでもいいが、少なくとも1つ以上はそれ以外のものを書こう。①の段に、自分の名前と、自分自身の好き嫌いを、記号（大好き◎、好き○、好きではない×）で記入しよう。

STEP 2 制限時間内にできるだけたくさん友達に聞いてみよう。友達の名前（日本語でもOK）と、その人の好き嫌いを記号で記入しよう。

名前	① 食べ物 （　　）	② スポーツ （　　）	③ 動物 （　　）	④ その他 （　　）
①				

☞（　　）をうめて、説明を完成させよう。

코알라 아주 좋아해요　（意味：　　　　　　　　　　　　）

고양이 안 좋아해요　（意味：　　　　　　　　　　　　）

안 ＋動詞（～する）で（　　　　　　　　）という意味になり、
（　　　　　　　）を表します。

4. あなたの好き嫌いに一番近い、相性 No.1 の人はだれでしたか。その人の好き嫌いについて書いてみよう。

相性 No.1 の友達は：＿＿＿＿＿＿＿＿＿＿＿＿

(1) ＿＿＿＿＿＿＿＿＿＿＿＿＿＿＿＿＿＿＿＿＿＿＿＿＿＿＿＿＿＿

(2) ＿＿＿＿＿＿＿＿＿＿＿＿＿＿＿＿＿＿＿＿＿＿＿＿＿＿＿＿＿＿

(3) ＿＿＿＿＿＿＿＿＿＿＿＿＿＿＿＿＿＿＿＿＿＿＿＿＿＿＿＿＿＿

(4) ＿＿＿＿＿＿＿＿＿＿＿＿＿＿＿＿＿＿＿＿＿＿＿＿＿＿＿＿＿＿

TASK 4　クラスの実態調査をしよう！

1. 次の絵の中で、あなたが上手にできることには○を、あまりできないことには×を書こう。また、絵と語句を使って、韓国語で言ってみよう。

例　○をつけた絵　한《ハン》국《グ》어《ゴ》 잘《チャ》해《レ》요《ヨ》

×をつけた絵　한국어 잘《チャル》 못《モッ》 해《テ》요《ヨ》

2. 会話例にならって、友達に聞いてみよう。

A：（ 한국어 ）잘해요？

○　　×

B：네，잘해요．　　B：아《ア》뇨《ニョ》，잘 못 해요．

3. STEP 1 友達が上手にできるかどうか聞いてみたいことを、〔　　〕のなかに自由に書いてみよう。ハングル、イラスト、どちらでもOK。1．から選んでもいいが、少なくとも1つ以上はそれ以外のものを書こう。

STEP 2 クラスの実態調査をしよう。できると答えた場合は 네 に○を、できないと答えた場合は 아뇨 に×をつけよう。네（○）あるいは 아뇨（×）で1列そろったらビンゴ！縦、横、斜めでたくさんビンゴになるようにしよう。同じ人に尋ねるのは3問まで。

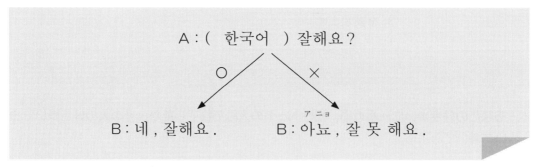

네 / 아뇨	네 / 아뇨	네 / 아뇨	네 / 아뇨	네 / 아뇨
네 / 아뇨	네 / 아뇨	네 / 아뇨	네 / 아뇨	네 / 아뇨
네 / 아뇨	네 / 아뇨	Bingo!	네 / 아뇨	네 / 아뇨
네 / 아뇨	네 / 아뇨	네 / 아뇨	네 / 아뇨	네 / 아뇨
네 / 아뇨	네 / 아뇨	네 / 아뇨	네 / 아뇨	네 / 아뇨

☞（　　）をうめて、説明を完成させよう。

한국어 잘해요　（意味：　　　　　　　　　　　　）

노래 잘 못 해요（意味：　　　　　　　　　　　　）

못《モッ》 +動詞で（〜することが　　　　　　　）という意味になり、
（不　　　　　）を表します。

4. クラスの実態について書いてみよう。多くのクラスメートが上手にできること（○が多い）と、できないこと（×が多い）を書いてみよう。

例 요리 잘해요 .

Project 1　自分のことを伝えよう

クラスメートに自己紹介しよう。

1　自己紹介が韓国語でできるようになろう。
2　マナーを身につけた話し方ができるようになろう。
3　自分のことを話題に、韓国語で会話が続けられるようにしよう。

Step 1　先生の自己紹介を聞いて、聞き取れたことを書きましょう。
日本語、ハングル、どちらでも OK

名前
職業

好き嫌い
趣味など

家族

特技など

Step 2　自分のことを伝えるときに使う韓国語を確認しよう。

① 名前や職業を言うとき

저는《私は》 ~ or 나는 ~

~ 예요 / 이에요

~ 입니다

職業：학생 ハクセン 学生 /
대학생 デハクセン 大学生
家族：엄마 オンマ 母 / 아빠 アッパ 父 /
언니 or 누나 / 오빠 or 형 /
동생 (남동생 / 여동생)

② 家族を紹介するとき

가족은《家族は》 ~

~ 있어요

~ 없어요

人数：한 명 ハンミョン 1名 /
두 명 トゥミョン 2名 / 세 명 セミョン 3名
네 명 ネミョン 4名　/ 다섯 명 タソンミョン 5名

③ 好き嫌いや趣味など

~ 좋아해요

~ 아주 좋아해요

~ 안 좋아해요

食べ物：낫토 / 사과 / 오렌지 / 케이크
音楽：노래 / 베토벤 / 피아노 / J pop / K pop
スポーツ：수영 / 테니스 / 스모 / 축구 / 자전거
場所：병원 / 학교
学校：한국어 / 영어 / 교과서 / 노트 / 독서

④ 特技など

~ 잘해요

~ 잘 못 해요

動物：고양이 / 강아지 / 코알라 / 병아리 /
개구리
服飾：모자 (야구모자)
屋内：게임 / 요리
屋外：자동차 / 운전

Step 3 次の例を参考に、自分のことを韓国語で書こう。

① 안녕하세요？ — ① あいさつで始めよう

② 저는 경미예요．한국어 교사입니다． — ② 自分の名前や職業を言おう

③ 가족은 엄마，저，동생 네 명이에요．남동생 두 명 있어요．저는 수영 잘해요．하지만 운전은 잘 못해요．자동차도 없어요．저는 고양이는 별로 안 좋아해요． — ③ 自分のことを3～5文で言おう

④ 만나서 반가워요． — ④ 自分の気持ちを付け加えよう

⑤ 고마워． — ⑤ あいさつで終わろう

＊교사《キョサ》 教師　하지만《ハジマン》 しかし　～도《ド》 ～も　별로《ピョルロ》 あまり　만나서《マンナソ》 반가워요《パンガウォヨ》 会えて嬉しいです

① 안녕하세요？ ______________________

②③④ ______________________

____

____

____

____

____

⑤ 고마워． ______________________

チェックリスト OKなら✓を入れよう。

- □ 読みやすい字で書いていますか？
- □ 文の最後にピリオドはついていますか？
- □ 単語と単語の間は空いていますか？
- □ 自分の名前が書かれていますか？
- □ 自分のことが3～5文で書かれていますか？
- □ 自分の気持ちを付け加えていますか？
- □ あいさつで終わっていますか？

Step 4 スピーチ発表

グループでスピーチ発表を行いましょう。評価の観点は以下の通りです。

Voice　発声

a　声の大きさ
聞いている全員に聞こえる声で話しましょう　3　2　1　0

b　リズムと発音
韓国語のリズムや発音を意識して話しましょう　3　2　1　0

c　話し方
聞きやすいスピードで話しましょう（早口にならないこと）　3　2　1　0

Manner　マナー

a　視線
聞いている人全体を見ながら話しましょう　3　2　1　0

b　表情
笑顔で明るい雰囲気で話しましょう　3　2　1　0

c　話し方
姿勢を正し、必要に応じて身振りや手振りをつけて話しましょう　3　2　1　0

Effort　準備

a　事前準備
事前に準備を十分にし、ある程度自分が言いたいことを言えるようにしておきましょう　3　2　1　0

b　アドバイス

____

2分間　韓国語会話

相手のことについて質問したり、質問に答えたりできるようになろう。

1. 이름이 뭐《モ》예《エ》요《ヨ》？　（名前は？）

2. 학생이에요？　（学生なの？）

3. 가족은 몇《ミョン》 명《ミョン》이《イ》에《エ》요《ヨ》？　（家族は何人？）

4. 어떤《オットン》 (　　　) 좋아해요？　（どんな○○が好き？）

5. (　　　) 잘해요？　（○○は得意？）

6. ← あなたの質問
＊1～5以外のものにする

7. ← あなたの質問
＊1～6以外のものにする

CS Conversation Strategy　会話方略

会話を始める	안녕하세요？
話を振る	너는？
理解を示す	シャドーイング
時間を稼ぐ	어 ...
会話を終える	고마워

1回目はワークシートを見ながら、2回目はときどき、3回目はなるべく見ないで、4回目はまったく見ないでやってみよう。

会話の振り返り（自己評価しよう）

1回目

自分の言いたいことを相手に伝えることができましたか ……………… A　B　C

相手のことを尋ねることができましたか ……………………………… A　B　C

様々なCSを使うことができましたか ………………………………… A　B　C

1つの話題について2文3文で答えることができましたか ………… A　B　C

会話に積極的に参加することができましたか ………………………… A　B　C

2回目

自分の言いたいことを相手に伝えることができましたか ……………… A B C

相手のことを尋ねることができましたか ………………………………… A B C

様々なCSを使うことができましたか ………………………………… A B C

１つの質問について２文３文で答えることができましたか ………… A B C

会話に積極的に参加することができましたか ……………………………… A B C

3回目

自分の言いたいことを相手に伝えることができましたか ……………… A B C

相手のことを尋ねることができましたか ………………………………… A B C

様々なCSを使うことができましたか ………………………………… A B C

１つの質問について２文３文で答えることができましたか ………… A B C

会話に積極的に参加することができましたか ……………………………… A B C

4回目

自分の言いたいことを相手に伝えることができましたか ……………… A B C

相手のことを尋ねることができましたか ………………………………… A B C

様々なCSを使うことができましたか ………………………………… A B C

１つの質問について２文３文で答えることができましたか ………… A B C

会話に積極的に参加することができましたか ……………………………… A B C

１回目から４回目の間に、自分の会話はどうなりましたか。
変化したこと、気づいたことを書こう。

TASK 5　Name ビンゴ　**夏休みにしたいことは？**

1. 次の絵の中で、あなたが夏休みにしたいことには○を、したくないことには×を書こう。また、絵と語句を使って、韓国語で言ってみよう。

例　○をつけた絵　독서 하고 싶《シ》어《ポ》요《ヨ》

×をつけた絵　독서 하고 싶《シプ》지《チ》 않《ア》아《ナ》요《ヨ》

2. 会話例にならって、友達が夏休みに何をしたいか聞いてみよう。

会話例①　A：(독서) (하)고 싶어요？

B：(하)고 싶어요．　○

会話例②　A：(독서) (하)고 싶어요？

B：(하)고 싶지 않아요．　×

3. STEP 1 表の中に、友達が夏休みに何をしたいか聞いてみたいことを書いて、ビンゴシートを完成させよう。ハングル、イラスト、どちらでもOK。1．から選んでもいいが、少なくとも1つ以上はそれ以外のものを書こう。STEP 2 会話例にならって、友達に聞いてみよう。友達が会話例①で答えたら◯にサイン（名前）をもらおう。会話例②で答えたら、サインはもらえない。友達が“したい”ことが見つかるまで質問しよう。サインは1人1箇所のみ。ペアを変えながら、できるだけたくさんサインを集めよう。1箇所に複数の友達のサインがあってもOK。STEP 3 ビンゴゲームをやろう。先生が、皆さんの名前を書いたカードを1枚選び、名前を読み上げます。◯の中にその名前があれば、○をつけよう。縦、横、斜め、どちらかで○がそろえば、ビンゴ！

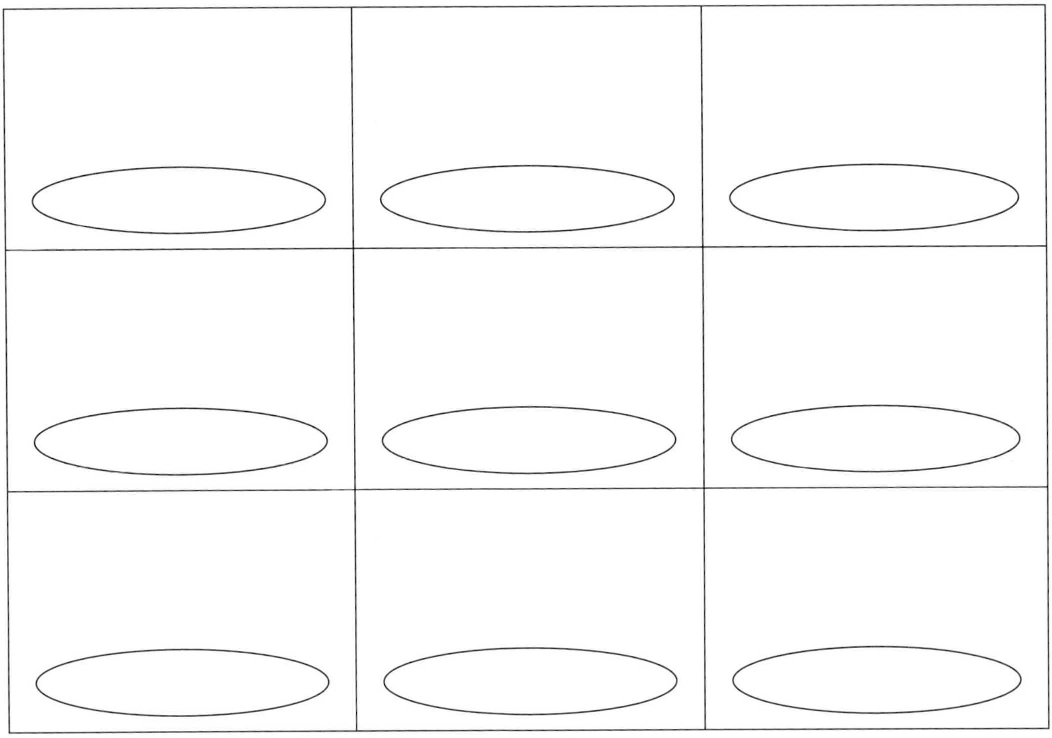

☞（　　）をうめて、説明を完成させよう。

독서 하고 싶어요 （意味：　　　　　　　　　　　　　　）

영화 보고 싶어요 （意味：　　　　　　　　　　　　　　）

動詞の語幹＋고 싶다 で（　　　　　　　　）という意味になり、
（　　　　　　　　）を表します。

4. 友達が夏休みに一番したいこと（サインが多かったこと）について書いてみよう。

例 교토 가고 싶어요 .

(1) ____________________

(2) ____________________

(3) ____________________

(4) ____________________

TASK 6　クイズ　**私は何をしているのかな？**

1. あなたは今、下の動作をしているところです。絵と語句を使って、韓国語で言ってみよう。

例　테니스 하고 있《イッ》어《ソ》요《ヨ》

2. 会話例にならって、友達に、あなたが今何をしているかクイズを出してみよう。

会話例①　A：(〈テニス〉するジェスチャーをしながら) 지금 뭐 하고 있어요？

B：(테니스) (하)고 있어요！　**正解**

A：네，(테니스) (하)고 있어요.

会話例②　A：(〈テニス〉するジェスチャーをしながら) 지금 뭐 하고 있어요？

B：(야구) (하)고 있어요！　**不正解**

A：아뇨，(테니스) (하)고 있어요.

3. STEP 1　A〜F の中に、あなたがしている動作を書いて、表を完成させよう。ハングル、イラスト、どちらでもOK。1. から選んでもいいが、少なくとも1つ以上はそれ以外のものを書こう。

STEP 2　会話例にならって、友達にあなたが何をしているかクイズを出そう。正解の場合は、その人の名前を書こう。不正解の場合は、名前は書けない。次のペアを探して会話しよう。同じ人に尋ねるのは1問まで。できるだけたくさん、友達に当ててもらえるようにがんばろう（1回目が終わったら、2回目にチャレンジできる）。

あなたがしている動作		A	B	C	D	E	F
友達の名前	1回目						
	2回目						

☞（　　）をうめて、説明を完成させよう。

한국어 공부 하고 있어요（意味：　　　　　　　　　　　　）

테레비 보고 있어요　（意味：　　　　　　　　　　　　）

動詞の語幹＋고 있다 で（　　　　　　　）という意味になり、
（　　　　　　　）や 継続 を表します。

4. あなたがしていた A～F の動作について書いてみよう。

例 스테이크 먹고 있어요 .

(1) ____________________

(2) ____________________

(3) ____________________

(4) ____________________

(5) ____________________

(6) ____________________

TASK 7-1　予定表を作ろう！

1. 次の絵の中で、あなたがこの１週間の間にする予定がある場合は○を、する予定がない場合は×を書こう。また、絵と語句を使って、韓国語で言ってみよう。

例　○をつけた絵　쇼핑 할 거《コ》예《エ》요《ヨ》

×をつけた絵　쇼핑 안 할 거예요

(　　) 	(　　)  볼	(　　) 편지  쓸	(　　)  탈
(　　) 배구 	(　　) 영어 공부 	(　　) 노래방  갈	(　　)  먹을

2. 会話例にならって、友達の予定を聞いてみよう。

会話例①　A：(쇼핑) (할) 거예요？

B：(쇼핑) (할) 거예요.　　○

会話例②　A：(쇼핑) (할) 거예요？

B：(쇼핑) 안 (할) 거예요.　　×

3. STEP 1　次の表は、あるクラスの予定表です。名前（上段）を読んでみよう（予定（下段）は友達に言わない）。

STEP 2　予定表を作ろう。やり方は、사과（P25 を使う人）と 바나나（P27 を使う人）がペアになる。じゃんけんをして勝った人（A）が、誰のことを聞きたいか（名前）伝える。会話例にならって聞き、友達が会話例①で答えたら（　　）の中に書く。日本語、ハングル、どちらでも OK。会話例②で答えたら（　　）の中に書けない。予定が分かるまで何度でも質問しよう。同じペアとは１箇所まで。

사쿠라 （　　　　　）	쇼타 手紙を書く	유카 （　　　　　）	다이키 買い物をする
미사키 バレーボールをする	유토 すしを食べる	나나미 （　　　　　）	다쿠미 （　　　　　）
가이토 （　　　　　）	아오이 カラオケに行く	나츠키 （　　　　　）	리쿠 映画を見る
겐타 自転車に乗る	시오리 （　　　　　）	류야 英語の勉強をする	아스카 （　　　　　）

☞（　　）をうめて、説明を完成させよう。

쇼핑 할 거예요　(意味：　　　　　　　　　　　　)

스시 먹을 거예요　(意味：　　　　　　　　　　　　)

動詞の語幹 + ㄹ / 을 거예요 で（　　　　　　　）という意味になり、これから（　　　　　　）や 計画 していることを表します。

4. 予定表を見ながら、その人の予定について書いてみよう。

例 사쿠라는 노래방 갈 거예요 .

(1) ______________________________

(2) ______________________________

(3) ______________________________

(4) ______________________________

TASK 7-2　予定表を作ろう！

1. 次の絵の中で、あなたがこの１週間の間にする予定がある場合は○を、する予定がない場合は×を書こう。また、絵と語句を使って、韓国語で言ってみよう。

例　○をつけた絵　쇼핑 할 거《コ》예《エ》요《ヨ》

×をつけた絵　쇼핑 안 할 거예요

2. 会話例にならって、友達の予定を聞いてみよう。

会話例①　A : (쇼핑) (할) 거예요 ?

B : (쇼핑) (할) 거예요 .　　○

会話例②　A : (쇼핑) (할) 거예요 ?

B : (쇼핑) 안 (할) 거예요 .　　×

3. STEP 1 次の表は、あるクラスの予定表です。名前（上段）を読んでみよう（予定（下段）は友達に言わない）。

STEP 2 予定表を作ろう。やり方は、사과（P25を使う人）と 바나나（P27を使う人）がペアになる。じゃんけんをして勝った人（A）が、誰のことを聞きたいか（名前）伝える。会話例にならって聞き、友達が会話例①で答えたら（　　）の中に書く。日本語、ハングル、どちらでもOK。会話例②で答えたら（　　）の中に書けない。予定が分かるまで何度でも質問しよう。同じペアとは１箇所まで。

사쿠라 カラオケに行く	쇼타 （　　　　）	유카 映画を見る	다이키 （　　　　）
미사키 （　　　　）	유토 （　　　　）	나나미 自転車に乗る	다쿠미 英語の勉強をする
가이토 買い物をする	아오이 （　　　　）	나츠키 バレーボールをする	리쿠 （　　　　）
겐타 （　　　　）	시오리 すしを食べる	류야 （　　　　）	아스카 手紙を書く

☞（　　）をうめて、説明を完成させよう。

쇼핑 할 거예요　（意味：　　　　　　　　　　）

스시 먹을 거예요（意味：　　　　　　　　　　）

動詞の語幹 + ㄹ / 을 거예요 で（　　　　　　）という意味になり、これから（　　　　　　）や 計画 していることを表します。

4. 予定表を見ながら、その人の予定について書いてみよう。

例 사쿠라는 노래방 갈 거예요 .

(1) ____________________

(2) ____________________

(3) ____________________

(4) ____________________

TASK 8　ジェスチャーゲーム　**私の趣味は…**

1. 次の絵の中で、あなたが趣味にしていることに○を書こう。また、絵と語句を使って、韓国語で言ってみよう。

例　요리 하는 거예요《ゴエヨ》

2. 会話例にならって、あなたの趣味を、ジェスチャーのみで友達に伝えてみよう。

会話例①　A：(〈料理する〉ジェスチャーをする)

B：(요리) (하)는 거예요！　**正解**

A：취미는 (요리) (하)는 거예요.

趣味は

会話例②　A：(〈料理する〉ジェスチャーをする)

B：(스테이크) (먹)는 거예요！　**不正解**

A：아니에요.

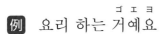

3. ジェスチャーゲームをやろう。やり方は、趣味カードを裏向きにして山を作る。１人が出題者となり、１枚、カードを引く（絵は友達に見せない）。そのカードに書かれている動作を、ジェスチャーのみで伝える。分かった人は、(　　　)(　　)는 거예요！と答える。答えが合っていたら、出題者は会話例①のように言う。間違っていたら、出題者は 아니에요 とだけ言い、正解が出るまでジェスチャーを続ける。出題者はじゃんけんで勝った人から時計回り。カードが無くなるまで続けよう。

☞（　　）をうめて、説明を完成させよう。

요리 하는 거예요　（意味：　　　　　　　　　　　　　）

피아노 치는 거예요　（意味：　　　　　　　　　　　　　）

動詞の語幹＋는 で　（　　　　　　　　）という意味になり、
後ろの名詞や代名詞を（　　　　　　　　）します。

4. あなたの趣味（○をつけたもの）について書いてみよう。

例 취미는 잠 자는 거예요 .

（1）＿＿＿＿＿＿＿＿＿＿＿＿＿＿＿＿＿＿＿＿

（2）＿＿＿＿＿＿＿＿＿＿＿＿＿＿＿＿＿＿＿＿

（3）＿＿＿＿＿＿＿＿＿＿＿＿＿＿＿＿＿＿＿＿

（4）＿＿＿＿＿＿＿＿＿＿＿＿＿＿＿＿＿＿＿＿

（5）＿＿＿＿＿＿＿＿＿＿＿＿＿＿＿＿＿＿＿＿

Project 2　身近な人を紹介しよう

クラスメートに身近な人を紹介しよう。

1　誰かの紹介が、韓国語でできるようになろう。
2　マナーを身につけた話し方ができるようになろう。
3　誰かのことを話題に、韓国語で会話が続けられるようにしよう。

Step 1　先生が身近な人を紹介します。聞き取れたことを書きましょう。
日本語、ハングル、どちらでも OK

名前
関係

趣味・特技など

出身
職業

予定・計画など

Step 2　人を紹介するときに使う韓国語を確認しよう。

① 名前や関係を言うとき

이름은 ~

~ 예요 / 이에요

~ 입니다

우리《私の》 ~

② 出身や職業など

~ 출신이에요

~ 에《に》　~ 에서《で》

~ 고 있어요

③ 趣味や特技など

취미는 ~

~ 는 거예요

~ 잘해요

④ 予定や計画など

~ ㄹ / 을 거예요

~ 고 싶어요

職業：학생 / 회사원 フェサウォン 会社員
関係：선배 ソンベ 先輩 / 후배 フベ 後輩 /
　친구 チング 友達

動詞：하다 / 가다 / 보다 / 먹다 / 듣다 /
　(자전거) 타다 / (피아노) 치다 /
　(춤) 추다 / (잠) 자다 /
　(편지) 쓰다 / 다니다 タニダ 通う /
　일하다 イラダ 働く

食べ物：스테이크 / 스시
スポーツ：야구 / 축구 / 농구 / 배구 /
　수영 / 테니스
音楽：노래 / 노래방 / 음악

地域：교토
学校：독서 / 아르바이트 /
　한국어 공부 / 영어 공부
屋内：게임 / 요리 / 청소 / 테레비 / 영화
屋外：쇼핑 / 운전 / 불꽃놀이

Step 3 次の例を参考に、身近な人のことを韓国語で書こう。

① 안녕하세요?

② 이름은 준코입니다. 우리 친구예요.

③ 준코는 시즈오카 출신이에요. 누마즈에 살고 있어요. 취미는 수영 하는 거예요. 고등학교에서 영어 가르치고 있어요.

④ 나는 준코 보고 싶어요. 그래서 시즈오카에 갈 거예요. 준코하고 같이 스시 먹고 싶어요.

⑤ 고마워.

① あいさつで始めよう
② 紹介したい人の名前と関係を言おう
③ 紹介したい人のことを3～5文で言おう
④ 自分の気持ちを付け加えよう
⑤ あいさつで終わろう

＊고등학교《コドゥンハッキョ》 高等学校　가르치다《カルチダ》 教える　그래서《クレソ》 だから　～하고《ハゴ》 ～と　같이《カチ》 一緒に

① 안녕하세요? ______________________

②
③ ______________________
④ ______________________

____

____

____

⑤ 고마워. ______________________

チェックリスト OKなら✓を入れよう。

- □ 読みやすい字で書いていますか？
- □ 文の最後にピリオドはついていますか？
- □ 単語と単語の間は空いていますか？
- □ 紹介する人の名前や関係が書かれていますか？
- □ その人のことが3～5文で書かれていますか？
- □ 自分の気持ちを付け加えていますか？
- □ あいさつで終わっていますか？

Step 4 スピーチ発表

用意した人物の写真を見せながら、グループでスピーチ発表を行いましょう。評価の観点は以下の通りです。

Voice　発声

a　声の大きさ
　聞いている全員に聞こえる声で話しましょう　3　2　1　0

b　リズムと発音
　韓国語のリズムや発音を意識して話しましょう　3　2　1　0

c　話し方
　聞きやすいスピードで話しましょう（早口にならないこと）　3　2　1　0

Manner　マナー

a　視線
　聞いている人全体を見ながら話しましょう　3　2　1　0

b　表情
　笑顔で明るい雰囲気で話しましょう　3　2　1　0

c　話し方
　姿勢を正し、必要に応じて身振りや手振りをつけて話しましょう　3　2　1　0

Effort　準備

a　事前準備
　事前に準備を十分にし、ある程度自分が言いたいことを言えるようにしておきましょう　3　2　1　0

b　アドバイス

____

２分間　韓国語会話

お互いに準備した相手について質問したり、質問に答えたりできるようになろう。

1. 누구예요《ヌグエヨ》？　(誰？)
   (写真を見せながら)

   ____

2. 어디《オディ》 살아요？　(どこに住んでいるの？)

   ____

3. 뭐 하고 있어요？　(何をしているの？)

   ____

4. 취미가 뭐예요？　(趣味は？)

   ____

5. 어떻게《オトッケ》 생각해요《センガッケヨ》？　(どう思ってる？)

   ______________________________　← 自分の気持ちを言う

6. ______________________________　← あなたの質問
   ＊１～５以外のものにする

7. ______________________________　← あなたの質問
   ＊１～６以外のものにする

CS Conversation Strategy　会話方略

会話を始める	안녕하세요？
話を振る	너는？
理解を示す	シャドーイング
時間を稼ぐ	어 ...
驚きを示す	진짜 !?
同意を示す	나도
会話を終える	고마워

１回目はワークシートを見ながら、２回目はときどき、３回目はなるべく見ないで、４回目はまったく見ないでやってみよう。

会話の振り返り（自己評価しよう）

１回目

自分の言いたいことを相手に伝えることができましたか ……………… A　B　C

相手のことを尋ねることができましたか ……………………………………… A　B　C

様々な CS を使うことができましたか ………………………………………… A　B　C

１つの話題について２文３文で答えることができましたか ………… A　B　C

会話に積極的に参加することができましたか ……………………………… A　B　C

2回目

自分の言いたいことを相手に伝えることができましたか ……………… A　B　C

相手のことを尋ねることができましたか …………………………………… A　B　C

様々なCSを使うことができましたか ………………………………………… A　B　C

１つの質問について２文３文で答えることができましたか ………… A　B　C

会話に積極的に参加することができましたか ……………………………… A　B　C

3回目

自分の言いたいことを相手に伝えることができましたか ……………… A　B　C

相手のことを尋ねることができましたか …………………………………… A　B　C

様々なCSを使うことができましたか ………………………………………… A　B　C

１つの質問について２文３文で答えることができましたか ………… A　B　C

会話に積極的に参加することができましたか ……………………………… A　B　C

4回目

自分の言いたいことを相手に伝えることができましたか ……………… A　B　C

相手のことを尋ねることができましたか …………………………………… A　B　C

様々なCSを使うことができましたか ………………………………………… A　B　C

１つの質問について２文３文で答えることができましたか ………… A　B　C

会話に積極的に参加することができましたか ……………………………… A　B　C

１回目から４回目の間に、自分の会話はどうなりましたか。
変化したこと、気づいたことを書こう。

TASK 9　夏休みビンゴ！

1．次の絵の中で、あなたが夏休みにしたことには○を、しなかったことには×を書こう。また、絵と語句を使って、韓国語で言ってみよう。

例　○をつけた絵　오키나와 갔어요

×をつけた絵　오키나와 안 갔어요

2．会話例にならって、夏休みにしたことを友達に聞いてみよう。

会話例①　A：(오키나와)(갔)어요？

B：(갔)어요.　○

会話例②　A：(오키나와)(갔)어요？

B：안 (갔)어요.　×

3．STEP 1　表の中に友達が夏休みにしたかどうか聞いてみたいことを書いて、ビンゴシートを完成させよう。ハングル、イラスト、どちらでもOK。1．から選んでもいいが、残りは、それ以外のものを書こう。

STEP 2　会話例にならって、友達に聞いてみよう。友達が会話例①で答えたらサイン（名前）をもらおう。会話例②で答えたら、サインはもらえない。別の質問をしてみよう。サインは1人1回のみ。時間内に、できるだけたくさんサインを集めよう。縦、横、斜め、どちらかでサインがそろえば、ビンゴ！

サイン	サイン	サイン	サイン
サイン	サイン	サイン	サイン
サイン	サイン	サイン	サイン
サイン	サイン	サイン	サイン

☞（　　）をうめて、説明を完成させよう。

수영 했어요 （意味：　　　　　　　　　　　　　　）

영화 봤어요 （意味：　　　　　　　　　　　　　　）

動詞の語幹＋았어요 / 었어요 で（　　　　　　　　）という意味になり、
（　　　　　　　　）を表します。

4. 友達が夏休みにしたこと（ビンゴになったところ）について書いてみよう。

例 （ 友達の名前 ）는《は》 바베큐 했어요 .

（1）

（2）

（3）

（4）

TASK 10　神経衰弱ゲーム　**To See Koalas**

1. 次の絵と語句を使って、韓国語で言ってみよう。

例　호주 갔어요 . 코알라 보러 갔어요 .

2. 会話例にならって、友達に聞いてみよう。

A : (호주) 갔어요 .

B : 뭐 하러 (호주) 갔어요 ?

A : (코알라) (보러) 갔어요 .

3. 神経衰弱ゲームをやろう！やり方は、カードを裏向きにして、重ならないように並べる（きちんと並べないで、ばらばらに置いたほうが難しくなる)。A はカードを 1 枚めくり（絵を見せ)、どこに行ったかを言う。B は会話例にならって、行った目的を聞く。A は答えてから、もう 1 枚カードをめくる。同じ絵だったら自分のものにできる。違う絵だったら 2 枚とも裏向きに戻す。じゃんけんで勝った人からスタート、時計回り。カードが無くなるまで続けよう。たくさんカードを取った人が勝ち！

☞（　　）をうめて、説明を完成させよう。

스테이크 먹으러 갔어요（意味：　　　　　　　　　　　　）

노래 하러 갔어요（意味：　　　　　　　　　　　　）

動詞の語幹＋러 / 으러 で（　　　　　　）という意味になり、（　　　　　　）を表します。

4. 神経衰弱ゲームで自分が取れたカードを使って、書いてみよう。

例 가방 사러 쇼핑센터 갔어요 .

(1) ______

(2) ______

(3) ______

(4) ______

(5) ______

TASK 11　インタビューしよう！

1. 次の絵の中で、あなたがしたことがある場合は○を、したことがない場合は×を書こう。また、絵と語句を使って、韓国語で言ってみよう。

例　○をつけた絵　한국에《ハングゲ》 가 본 적이《ボンジョギ》 있어요

　　×をつけた絵　한국에 가 본 적이 없어요

2. 会話例にならって、友達に聞いてみよう。

A：(한국에) (가) 본 적이 있어요？

○　　×

B：(가) 본 적이 있어요.　　B：(가) 본 적이 없어요.

3. STEP 1 友達がしたことがあるか聞いてみたいことを、1つのジャンルに1つ、(　　)の中に書こう。ハングル、イラスト、どちらでもOK。1. から選んでもいいが、少なくとも1つ以上はそれ以外のものを書こう。

STEP 2 制限時間内に、できるだけたくさん友達にインタビューしよう。インタビューした友達の名前（日本語でもOK）を書き、あると答えた場合は○、ないと答えた場合は×を記入しよう。

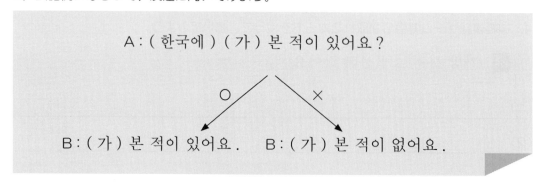

友達の名前	① 場所 （　　　）	② 食べ物 （　　　）	③ 音楽家、歌手 （　　　）	④ 作家 （　　　）	⑤ その他 （　　　）

☞（　　）をうめて、説明を完成させよう。

> 한국에 가 본 적이 있어요　（意味：　　　　　　　　　　　　）
>
> 베토벤 들어 본 적이 없어요　（意味：　　　　　　　　　　　　）
>
> ---
>
> 動詞の語幹＋아 / 어 본 적이 있다 で（　　　　　　　　　　）
> という意味になり、（　　　　　　　）を表します。

4. 一番、経験豊富な（○が多かった）友達はだれでしたか。その人の経験について書いてみよう。

例　홋카이도 가 본 적이 있어요 .

一番、経験豊富な友達は：＿＿＿＿＿＿＿＿＿＿

(1)＿＿＿＿＿＿＿＿＿＿＿＿＿＿＿＿＿＿＿＿

(2)＿＿＿＿＿＿＿＿＿＿＿＿＿＿＿＿＿＿＿＿

(3)＿＿＿＿＿＿＿＿＿＿＿＿＿＿＿＿＿＿＿＿

(4)＿＿＿＿＿＿＿＿＿＿＿＿＿＿＿＿＿＿＿＿

(5)＿＿＿＿＿＿＿＿＿＿＿＿＿＿＿＿＿＿＿＿

TASK 12　ジェスチャーゲーム　**週末何した？**

1. 次の絵の中で、前の週末にしたことに○を書こう。また、絵と語句を使って、韓国語で言ってみよう。

例　테레비 보고 햄버거 먹었어요

2. 会話例にならって、週末に何をしたか友達に聞いてみよう。

A：주말에《チュマレ》 뭐 했어요？

B：(테레비) (보)고 (햄버거) (먹었어요).

3. ジェスチャーゲームをやろう。やり方は、ジェスチャーカードを裏向きにして山を作る。１人が出題者となり、２枚、カードを取る（絵は友達に見せない）。他の人は 주말에 뭐 했어요？と聞く。出題者は、２枚のカードに書かれている動作を、ジェスチャーのみで伝える。分かった人は、会話例のように答える。答えが合っていたら、出題者は 맞아요 と言い、正解者にカードを渡す。間違っていたら、出題者は 아니에요 と言い、正解が出るまでジェスチャーを続ける。出題者はじゃんけんで勝った人から、時計回り。カードが無くなるまで続けよう。カードをたくさん取った人が勝ち！

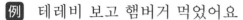

ゲームの流れ　A：（カードを2枚とる）

B：주말에 뭐 했어요？

A：（テレビを見て、掃除をするジェスチャーをする）

B：(테레비) (보)고 (청소) (했어요).　　B：(영화) (보)고 (산보) (했어요).

↓ 正解　　↓ 不正解

A：맞아요.　　A：아니에요.

☞（　　）をうめて、説明を完成させよう。

산보 하고 청소 했어요　（意味：　　　　　　　　　　）

케이크 먹고 영화 봤어요（意味：　　　　　　　　　　）

動詞の語幹＋고 で（　　　　　　）という意味になり、
２つ以上の動作を（　　　　　　）けて表します。

4. ジェスチャーゲームで、自分が取れたカードを使って、書いてみよう。

例　옷 사고 영어 공부 했어요.

(1) ______

(2) ______

(3) ______

(4) ______

(5) ______

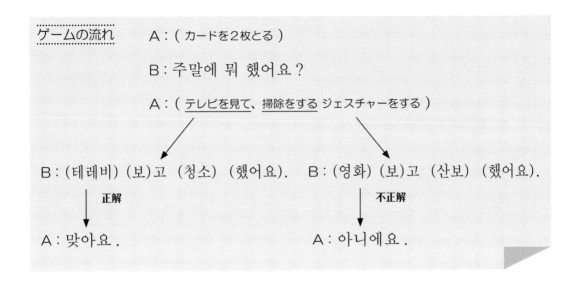

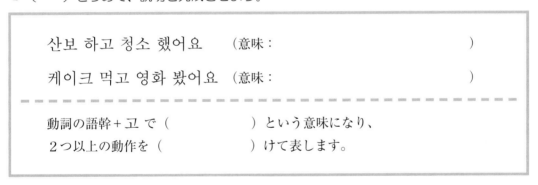

Project 3　夏休みの思い出

クラスメートに夏休みの出来事について話そう。

1　夏休みの出来事について、韓国語で話せるようになろう。
2　マナーを身につけた話し方ができるようになろう。
3　夏休みの思い出を話題に、韓国語で会話が続けられるようにしよう。

Step 1　先生の夏休みの出来事を聞いて、聞き取れたことを書きましょう。
日本語、ハングル、どちらでも OK

誰と

何をした

どこで

感想

Step 2　出来事について話すときに使う韓国語を確認しよう。

① 過去のことを言うとき

～았어요 / 었어요

～아 / 어 본 적이 있어요

～아 / 어 본 적이 없어요

② 2つ以上したことを言うとき

～고

③ 目的を言うとき

～러 / 으러

④ 誰とどこでなど

～하고《と》 or ～랑 / 이랑

～에

～에서

動詞：가다 / 하다 / 먹다 / 보다 / 사다 / (나쓰메 소세키) 읽다 / (베토벤) 듣다

食べ物：타코스 / 도리안 / 햄버거 / 케이크 / 빙수 / 바베큐 / 스테이크
スポーツ：스키 / 스노보드 / 수영 / 축구 / 산보 / 테니스
学校：숙제 / 도서관 / 영어 공부 / 운동장 / 아르바이트

音楽：노래 / 노래방
動物：코알라
服飾：가방 / 옷
屋内：영화 / 청소 / 전화 / 테레비
屋外：불꽃놀이 / 운전

場所：레스토랑 / 쇼핑센터 / 극장
国：한국 / 호주
地域：오키나와 / 홋카이도

Step 3 次の例を参考に、夏休みの出来事を韓国語で書こう。

① 안녕하세요？ — ① あいさつで始めよう

② 나는 여름방학에 여행 했어요．
엄마랑 동생하고 호주에 갔어요． — ② 誰とどこでしたかを言おう

③ 시드니에 가서 오페라하우스 봤어요．
코알라 보고 스테이크 먹었어요．
나는 다이빙 해 본 적이 없어요．
그래서 다이빙 하러 바다에 갔어요． — ③ 出来事を３～５文で言おう

④ 아주 재미있었어요． — ④ 感想を付け加えよう

⑤ 고마워． — ⑤ あいさつで終わろう

＊여름방학에《ヨルンバンハゲ》 夏休みに　가서《カソ》 行って　여행《ヨヘン》 旅行　그래서《クレソ》 だから

① 안녕하세요？ ______________________

②③④ ______________________

____

____

____

____

____

⑤ 고마워． ______________________

チェックリスト OKなら✓を入れよう。

- □ 読みやすい字で書いていますか？
- □ 文の最後にピリオドはついていますか？
- □ 単語と単語の間は空いていますか？
- □ 誰としたかが書かれていますか？
- □ 夏休みの出来事が３～５文で書かれていますか？
- □ 感想を付け加えていますか？
- □ あいさつで終わっていますか？

Step 4 スピーチ発表

グループでスピーチ発表を行いましょう。評価の観点は以下の通りです。

Voice　発声

a　声の大きさ
　聞いている全員に聞こえる声で話しましょう　3　2　1　0

b　リズムと発音
　韓国語のリズムや発音を意識して話しましょう　3　2　1　0

c　話し方
　聞きやすいスピードで話しましょう（早口にならないこと）　3　2　1　0

Manner　マナー

a　視線
　聞いている人全体を見ながら話しましょう　3　2　1　0

b　表情
　笑顔で明るい雰囲気で話しましょう　3　2　1　0

c　話し方
　姿勢を正し、必要に応じて身振りや手振りをつけて話しましょう　3　2　1　0

Effort　準備

a　事前準備
　事前に準備を十分にし、ある程度自分が言いたいことを言えるようにしておきましょう　3　2　1　0

b　アドバイス

____

2分間　韓国語会話

夏休みの出来事について質問したり、質問に答えたりできるようになろう。

1. 여름방학에 뭐 했어요？　（何した？）

2. 어디서（　　　　　）（　했어요　）？　（どこで？）

3. 뭐 하러 갔어요？　（目的は？）

4. 누구하고（　　　　　）？　（誰と？）

5. 어땠어《オテッソ》요《ヨ》？　（どうだった？）
← 感想を言う

6.
← あなたの質問
＊1～5以外のものにする

7.
← あなたの質問
＊1～6以外のものにする

CS Conversation Strategy　会話方略

会話を始める	안녕하세요？
話を振る	너는？
理解を示す	シャドーイング
時間を稼ぐ	어 …
驚きを示す	진짜 !?
同意を示す	나도
同意を示す	맞아요
会話を終える	고마워

1回目はワークシートを見ながら、2回目はときどき、3回目はなるべく見ないで、4回目はまったく見ないでやってみよう。

会話の振り返り（自己評価しよう）

1回目

自分の言いたいことを相手に伝えることができましたか　…………… A　B　C

相手のことを尋ねることができましたか　…………………………………… A　B　C

様々なCSを使うことができましたか　……………………………………… A　B　C

1つの話題について2文3文で答えることができましたか　………… A　B　C

会話に積極的に参加することができましたか　…………………………… A　B　C

２回目

自分の言いたいことを相手に伝えることができましたか ……………… A　B　C

相手のことを尋ねることができましたか …………………………………… A　B　C

様々なCSを使うことができましたか ………………………………………… A　B　C

１つの質問について２文３文で答えることができましたか ………… A　B　C

会話に積極的に参加することができましたか ……………………………… A　B　C

３回目

自分の言いたいことを相手に伝えることができましたか ……………… A　B　C

相手のことを尋ねることができましたか …………………………………… A　B　C

様々なCSを使うことができましたか ………………………………………… A　B　C

１つの質問について２文３文で答えることができましたか ………… A　B　C

会話に積極的に参加することができましたか ……………………………… A　B　C

４回目

自分の言いたいことを相手に伝えることができましたか ……………… A　B　C

相手のことを尋ねることができましたか …………………………………… A　B　C

様々なCSを使うことができましたか ………………………………………… A　B　C

１つの質問について２文３文で答えることができましたか ………… A　B　C

会話に積極的に参加することができましたか ……………………………… A　B　C

１回目から４回目の間に、自分の会話はどうなりましたか。
変化したこと、気づいたことを書こう。

TASK 13　新入社員を採用しよう！

1. 次の絵の中で、あなたができることには○を、できないことには×を書こう。また、絵と語句を使って、韓国語で言ってみよう。

例　○をつけた絵　컴퓨터 할 줄《チュル》 알아요

　　×をつけた絵　컴퓨터 할 줄 몰《モル》라《ラ》요《ヨ》

2. 会話例にならって、友達ができるかどうか聞いてみよう。

A：（ 컴퓨터 ）（ 할 ）줄 알아요？

○　　　×

B：（ 할 ）줄 알아요.　　B：（ 할 ）줄 몰라요.

3. STEP 1　店や会社の名前を決めよう（例：レストランたなか、スカイホテル）。

STEP 2　社員に求められる能力を〔　　〕に書いてみよう。ハングル、イラスト、どちらでもOK。1. から選んでもいいが、少なくとも1つ以上はそれ以外のものを書こう。

STEP 3　会話例にならって、制限時間内にできるだけたくさん面接しよう。じゃんけんをして、勝った人が面接官（A）になろう。面接した人の名前（日本語でもOK）と、できると答えた場合は○、できないと答えた場合は×を記入しよう。終わったら、面接官役を交代しよう。

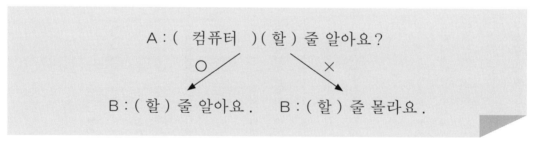

店や会社の名前

面接シート

社員に求められる能力 / 面接した人の名前	①〔　　〕	②〔　　〕	③〔　　〕	④〔　　〕	⑤〔　　〕

☞（　　）をうめて、説明を完成させよう。

> 수영 할 줄 알아요　（意味：　　　　　　　　　　　　）
>
> 낫토 먹을 줄 몰라요　（意味：　　　　　　　　　　　　）
>
> ---
>
> 動詞の語幹＋ㄹ / 을 줄 알다（　　　　　　　　　）という意味になり、
> （　　　　　）が身についていることを表します。

4. 採用する人を決定しよう。面接シートを見ながら、採用する人について書いてみよう。

例 오무라이스 만들 줄 알아요 .

採用する人の名前：＿＿＿＿＿＿＿＿＿＿＿＿

(1) ＿＿＿＿＿＿＿＿＿＿＿＿＿＿＿＿＿＿＿＿

(2) ＿＿＿＿＿＿＿＿＿＿＿＿＿＿＿＿＿＿＿＿

(3) ＿＿＿＿＿＿＿＿＿＿＿＿＿＿＿＿＿＿＿＿

(4) ＿＿＿＿＿＿＿＿＿＿＿＿＿＿＿＿＿＿＿＿

(5) ＿＿＿＿＿＿＿＿＿＿＿＿＿＿＿＿＿＿＿＿

TASK 14-1 役割分担表を作ろう！

1. 次の絵の中で、あなたがしなくてはならないことには○を、しなくてもいいことには×を書こう。また、絵と語句を使って韓国語で言ってみよう。

例 ○をつけた絵　도서관에《トソグァネ》 가야《カヤ》 돼요《デヨ》

×をつけた絵　도서관에 안 가도《アンガド》 돼요

(　　) 	(　　)  해야 / 안 해도	(　　) 편지  써야 / 안 써도	(　　) 산보 
(　　) 전화《チョナ》 	(　　) 우유  사야 / 안 사도	(　　) 우체국에《ウチェグゲ》 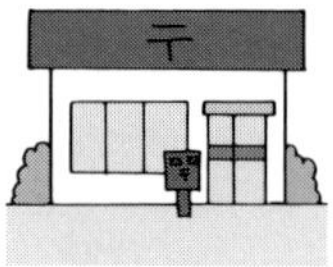	(　　) 

2. 会話例にならって、友達がする必要があることか、聞いてみよう。

会話例①　A：(도서관에) (가야) 돼요？

B：(가야) 돼요.　　○

会話例②　A：(도서관에) (가야) 돼요？

B：(안 가도) 돼요.　×

3. STEP 1 次の表は、あるクラスの役割分担表です。名前(上段)を読んでみよう（役割（下段）は友達に言わない)。

STEP 2 役割分担表を作ろう。やり方は、사과（P49を使う人）と 바나나（P51を使う人）がペアになる。じゃんけんをして勝った人(A)が、誰のことを聞きたいか(名前)伝える。会話例にならって聞き、友達が会話例①で答えたら(　　　)の中に書く。日本語、ハングル、どちらでもOK。会話例②で答えたら(　　　)の中に書けない。やるべきことが分かるまで何度でも質問しよう。同じペアとは1箇所まで。

사쿠라 図書館に行く	쇼타 (　　　　　　)	유카 ケーキを買う	다이키 (　　　　　　)
미사키 (　　　　　　)	유토 (　　　　　　)	나나미 牛乳を買う	다쿠미 電話をする
가이토 掃除をする	아오이 (　　　　　　)	미즈키 郵便局に行く	리쿠 (　　　　　　)
겐타 (　　　　　　)	시오리 散歩をする	류야 (　　　　　　)	아스카 手紙を書く

☞（　　）をうめて、説明を完成させよう。

우체국에 가야 돼요　（意味：　　　　　　　　　　　　）

편지 써야 돼요　　（意味：　　　　　　　　　　　　）

動詞の語幹 + 아야 / 어야 되다 で（　　　　　　　　　　）
という意味になり、（　　　　　　）や 必要 を表します。

4. 役割分担表を見ながら、誰が何をしなければならないか書いてみよう。

例 유토는 산보 해야 돼요 .

(1) ______________________________

(2) ______________________________

(3) ______________________________

(4) ______________________________

TASK 14-2 役割分担表を作ろう！

1. 次の絵の中で、あなたがしなくてはならないことには○を、しなくてもいいことには×を書こう。また、絵と語句を使って韓国語で言ってみよう。

例　○をつけた絵　도서관에《トソグァネ》 가야《カヤ》 돼요《デヨ》

×をつけた絵　도서관에 안《アン》 가도《ガド》 돼요

(　　) 	(　　)  해야 / 안 해도	(　　) 편지  써야 / 안 써도	(　　) 산보 
(　　) 전화《チョナ》 	(　　) 우유  사야 / 안 사도	(　　) 우체국에《ウチェグゲ》 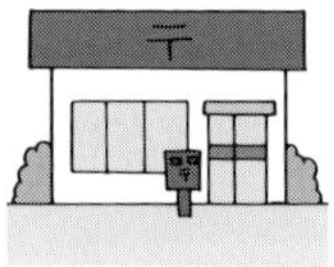	(　　) 

2. 会話例にならって、友達がする必要があることか、聞いてみよう。

会話例①　A：(도서관에) (가야) 돼요？

B：(가야) 돼요．　○

会話例②　A：(도서관에) (가야) 돼요？

B：(안 가도) 돼요．　×

3. STEP 1 次の表は、あるクラスの役割分担表です。名前(上段)を読んでみよう（役割（下段）は友達に言わない)。

STEP 2 役割分担表を作ろう。やり方は、사과（P49 を使う人）と 바나나（P51 を使う人）がペアになる。じゃんけんをして勝った人(A)が、誰のことを聞きたいか(名前)伝える。会話例にならって聞き、友達が会話例①で答えたら(　　　)の中に書く。日本語、ハングル、どちらでも OK。会話例②で答えたら(　　　)の中に書けない。やるべきことが分かるまで何度でも質問しよう。同じペアとは 1 箇所まで。

사쿠라 (　　　　　)	쇼타 手紙を書く	유카 (　　　　　)	다이키 掃除をする
미사키 図書館に行く	유토 散歩をする	나나미 (　　　　　)	다쿠미 (　　　　　)
가이토 (　　　　　)	아오이 電話をする	미즈키 (　　　　　)	리쿠 ケーキを買う
겐타 牛乳を買う	시오리 (　　　　　)	류야 郵便局に行く	아스카 (　　　　　)

☞（　　）をうめて、説明を完成させよう。

우체국에 가야 돼요　（意味：　　　　　　　　　　　　）

편지 써야 돼요　　（意味：　　　　　　　　　　　　）

- -

動詞の語幹 + 아야 / 어야 되다 で（　　　　　　　　　　　）
という意味になり、（　　　　　　）や 必要 を表します。

4. 役割分担表を見ながら、誰が何をしなければならないか書いてみよう。

例 유토는 산보 해야 돼요 .

(1) ____

(2) ____

(3) ____

(4) ____

TASK 15　アンサーゲーム　**○○ですから！**

1. 次の絵と語句が表すことをしなくてはならない理由を、①〜⑧の中から選んで、
　(　　　) の中に書いてみよう。また、絵と語句を使って、韓国語で言ってみよう。

例　영화 봐야《バヤ》 돼요《デヨ》. 재미 있으니까요《イッスニッカヨ》.

봐야  (　　　)	 (　　　)	조용히 해야  (　　　)	 (　　　)
조심 해야  (　　　)	마셔야  (　　　)	도망 가야  (　　　)	사야  (　　　)

理由

① 재미 있으니까요　② 배가《ベガ》 고프니까요《コプニッカヨ》　③ 호랑이가《ホランイガ》 있으니까요
④ 돈이《トニ》 없으니까요　⑤ 친구 생일이니까요《センイリニッカヨ》　⑥ 차가《チャガ》 오니까요《オニッカヨ》
⑦ 몸에《モメ》 좋으니까요《チョウニッカヨ》　⑧ 아기가《アギガ》 자고《チャゴ》 있으니까요

*배 お腹　호랑이 虎　돈 お金　생일 誕生日　몸 体　오다 来る　자다 寝る　좋다 良い

2. 会話例にならって、友達に理由を聞いてみよう。

A：(영화) (봐야) 돼요.

B：왜 (영화) (봐야) 돼요？

A：(재미) (있으니까요).

3. アンサーゲームをやろう。やり方は、絵カードを裏向き（絵が見えない）にして、山を作る。アンサーカードは、表向き（文字が見える）にして、重ならないように並べる。Aが1枚絵カードをめくり（絵を見せ）、カードに書かれてあることを言う。Bは、会話例にならって理由を聞く。Aは、アンサーカードを選んで答える。Bは、答えが合っていたら 알겠어요 と言い、間違っていたら 아니에요 と言う。Aは、正解の場合は絵カードとアンサーカードを自分のものにできる。不正解の場合は戻す。じゃんけんで勝った人から時計回り。カードが無くなるまで続けよう。たくさんカードを取った人が勝ち！

☞（　　）をうめて、説明を完成させよう。

차가 오니까요　（意味：　　　　　　　　　　　　　）

몸에 좋으니까요（意味：　　　　　　　　　　　　　）

- - - - - - - - - - - - - - - - - - - -

動詞などの語幹＋ 니까 / 으니까 で（　　　　　）という意味になり、
原因や（　　　　　　　）を表します。

4. アンサーゲームで、自分が取れたカードを使って、書いてみよう。

例 돈이 없으니까 아르바이트 해야 돼요 .

(1) ______________________________

(2) ______________________________

(3) ______________________________

(4) ______________________________

(5) ______________________________

TASK 16 クイズ **新年の計画は？**

1. 次の絵の中で、あなたが新年にしようと思ったことに〇を書こう。また、絵と語句を使って韓国語で言ってみよう。

例 독서 할 거《コ》예《エ》요《ヨ》

2. 会話例にならって、あなたが新年に何を計画しているのか、クイズを出してみよう。

会話例① A：（ 読書する ジェスチャーをしながら ） 나는 뭐 할 거예요？

B：（ 독서 ）（ 할 ）거예요！ **正解**

A：（ 독서 ）（ 할 ）거예요.

会話例② A：（ 読書する ジェスチャーをしながら ） 나는 뭐 할 거예요？

B：（ 영어 공부 ）（ 할 ）거예요！ **不正解**

A：아니에요.

3. STEP 1 A～F の中に新年の計画を自由に書いて、表を完成させよう。ハングル、イラスト、どちらでもOK。1．から選んでもいいが、少なくとも1つ以上はそれ以外のことを書こう。

STEP 2 会話例にならって、友達にクイズを出そう。正解の場合は、その人の名前を書こう。不正解の場合は、아니에요 とだけ言い、正解が出るまでジェスチャーを続ける。同じ人に出せるのは、1問まで。できるだけたくさん、友達に当ててもらえるようにがんばろう（1回目が終わったら、2回目にチャレンジできる）。

新年の計画		A	B	C	D	E	F
友達の名前	1回目						
	2回目						

☞（　　）をうめて、説明を完成させよう。

교토 갈 거예요　（意味：　　　　　　　　　　　　　）

불꽃놀이 볼 거예요（意味：　　　　　　　　　　　　　）

- -

動詞の語幹＋ㄹ／을 거예요で（　　　　　　　　　　）という意味になり、これから予定や（　　　　　　　　）していることを表します。

4. あなたの新年の計画（A〜F）について書いてみよう。

例 바베큐 할 거예요.

(1) ______________________________

(2) ______________________________

(3) ______________________________

(4) ______________________________

(5) ______________________________

(6) ______________________________

Project 4　将来の夢

クラスメートに将来の夢について話そう。

1　将来の夢について、韓国語で話せるようになろう。
2　マナーを身につけた話し方ができるようになろう。
3　将来の夢を話題に、韓国語で会話が続けられるようにしよう。

Step 1　先生が将来の夢について話します。聞き取れたことを書きましょう。日本語、ハングル、どちらでも OK

したいこと

得意なこと

理由

決意

Step 2　将来の夢について話すときに使う韓国語を確認しよう。

① 予定や計画など

～ㄹ / 을 거예요

～고 싶어요

② 理由を言うとき

～니까 / 으니까

③ 得意なことや特技など

～ㄹ / 을 줄 알아요

～ㄹ / 을 줄 몰라요

～잘해요

～잘 못 해요

④ すべきことを言うとき

～아야 / 어야 돼요

動詞：보다 / 먹다 / 마시다 / 자다 / 사다 / 만들다 / 오다 / 가다 (도망 가다) / 하다 (조용히 하다 / 조심 하다) / (자전거) 타다 / (편지) 쓰다 / (피아노) 치다

その他：있다 (재미 있다) / 없다 (몸에) 좋다 / (배가) 고프다

食べ物：바베큐 / 요리 / 도리안 / 우유 / 케이크 / 낫토 / 오무라이스

スポーツ：운동 / 스키 / 유도 / 산보

音楽：뮤지컬

地域・場所：교토 / 온천 / 우체국 / 도서관

学校：독서 / 아르바이트 / 컴퓨터 / 영어 (영어 공부) / 친구

動物：호랑이

屋内：영화 / 전화 / 청소

屋外：데이트 / 불꽃놀이 / 운전 / 차

その他：생일 / 아기 / 저금 / 돈

Step 3 次の例を参考に、将来の夢のことを韓国語で書こう。

① 안녕하세요？

① あいさつで始めよう

② 나는 미국에 가고 싶어요. 디즈니

좋아하니까 뮤지컬 보고 싶어요.

② 将来したいこととその理由を言おう

③ 브로드웨이에서 라이언킹 볼 거예요.

레스토랑 가서 햄버거도 먹을 거예요.

나는 영어 할 줄 알아요.

③ 夢のことを３～５文で言おう

④ 나는 뮤지컬 보러 뉴욕에 갈 거예요.

그래서 지금 해야 돼요.

④ 自分の決意を付け加えよう

⑤ 고마워.

⑤ あいさつで終わろう

＊ 미국에《ミグゲ》 米国に　～에서《エソ》 ～で　가서《カソ》 行って　～도《ド》 ～も　그래서《クレソ》 だから

① 안녕하세요？ ____________________

②③④ ____________________

____

____

____

____

____

⑤ 고마워. ____________________

チェックリスト　OK なら✓を入れよう。

- □ 読みやすい字で書いていますか？
- □ 文の最後にピリオドはついていますか？
- □ 単語と単語の間は空いていますか？
- □ 将来の夢の理由が書かれていますか？
- □ 将来の夢が３～５文で書かれていますか？
- □ 自分の決意を付け加えていますか？
- □ あいさつで終わっていますか？

Step 4 スピーチ発表

グループでスピーチ発表を行いましょう。評価の観点は以下の通りです。

Voice　発声

a　声の大きさ

聞いている全員に聞こえる声で話しましょう　３　２　１　０

b　リズムと発音

韓国語のリズムや発音を意識して話しましょう　３　２　１　０

c　話し方

聞きやすいスピードで話しましょう（早口にならないこと）　３　２　１　０

Manner　マナー

a　視線

聞いている人全体を見ながら話しましょう　３　２　１　０

b　表情

笑顔で明るい雰囲気で話しましょう　３　２　１　０

c　話し方

姿勢を正し、必要に応じて身振りや手振りをつけて話しましょう　３　２　１　０

Effort　準備

a　事前準備

事前に準備を十分にし、ある程度自分が言いたいことを言えるようにしておきましょう　３　２　１　０

b　アドバイス

____

2分間　韓国語会話

将来の夢について質問したり、質問に答えたりできるようになろう。

1. 꿈이《クミ》 뭐예요？　（夢は何？）

2. 왜（　　　　　）고 싶어요？　（なぜ？）

3. （　　　　　）（　　　　　）줄 알아요？　（○○はできる？）

4. 뭐 할 거예요？　（予定は？）

5. （　　　　　）해야 돼요？　（○○はすべき？）

6. 　← あなたの質問
＊1～5以外のものにする

7. 　← あなたの質問
＊1～6以外のものにする

CS Conversation Strategy　会話方略

会話を始める	안녕하세요？
話を振る	너는？
理解を示す	シャドーイング
理解を示す	알겠어요！
時間を稼ぐ	어 …
驚きを示す	진짜 !?
同意を示す	나도
同意を示す	맞아요
不明を示す	다시 한번 말해 주세요
会話を終える	고마워

1回目はワークシートを見ながら、2回目はときどき、3回目はなるべく見ないで、4回目はまったく見ないでやってみよう。

会話の振り返り（自己評価しよう）

1回目

自分の言いたいことを相手に伝えることができましたか …………… A　B　C

相手のことを尋ねることができましたか …………………………… A　B　C

様々なCSを使うことができましたか ……………………………… A　B　C

1つの話題について2文3文で答えることができましたか ………… A　B　C

会話に積極的に参加することができましたか ……………………… A　B　C

2回目

自分の言いたいことを相手に伝えることができましたか …………… A　B　C

相手のことを尋ねることができましたか ……………………………… A　B　C

様々な CS を使うことができましたか ………………………………… A　B　C

１つの話題について２文３文で答えることができましたか ………… A　B　C

会話に積極的に参加することができましたか ……………………… A　B　C

3回目

自分の言いたいことを相手に伝えることができましたか …………… A　B　C

相手のことを尋ねることができましたか ……………………………… A　B　C

様々な CS を使うことができましたか ………………………………… A　B　C

１つの質問について２文３文で答えることができましたか ………… A　B　C

会話に積極的に参加することができましたか ……………………… A　B　C

4回目

自分の言いたいことを相手に伝えることができましたか …………… A　B　C

相手のことを尋ねることができましたか ……………………………… A　B　C

様々な CS を使うことができましたか ………………………………… A　B　C

１つの質問について２文３文で答えることができましたか ………… A　B　C

会話に積極的に参加することができましたか ……………………… A　B　C

１回目から４回目の間に、自分の会話はどうなりましたか。
変化したこと、気づいたことを書こう。

TASK 17　道案内しよう！①

1. 次の建物や施設を韓国語で言ってみよう。

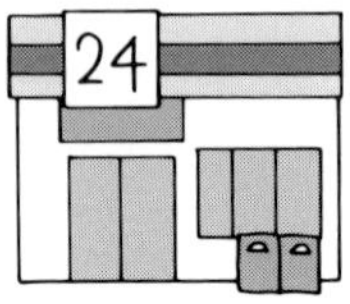

편의점《ピョニジョㇺ》

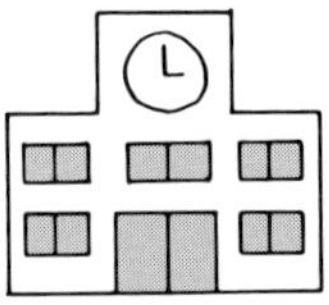

주차장

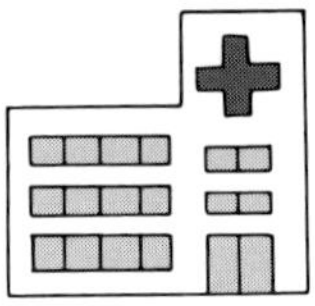

화장실

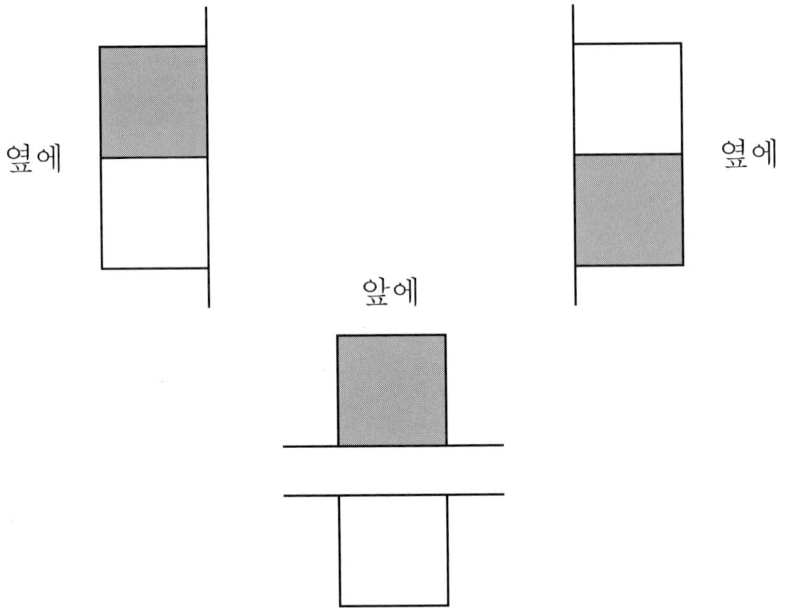

2. 会話例にならって、道案内してみよう。

A : (레스토랑) 있어요 ?

B : (학교) (앞에) 있어요 .

3. STEP 1 1. にあった建物や施設を自由に配置して（ハングル、イラスト、どちらでもOK）、案内用の地図を完成させよう（友達には見せない）。

STEP 2 ペアでじゃんけんをして、勝った人（A）が道を尋ねる。案内役（B）は会話例にならって案内をする（地図は見せない）。A は、案内に従って建物や施設を白地図に書き込む。よく分からない場合は、（ 建物や施設 ）（ 前 / 隣に ）있어요？と聞き直す。地図が完成したら、案内用の地図を見せてもらい、正しく書けているか確認する。終わったら、案内役を交代しよう。

〈案内用の地図〉

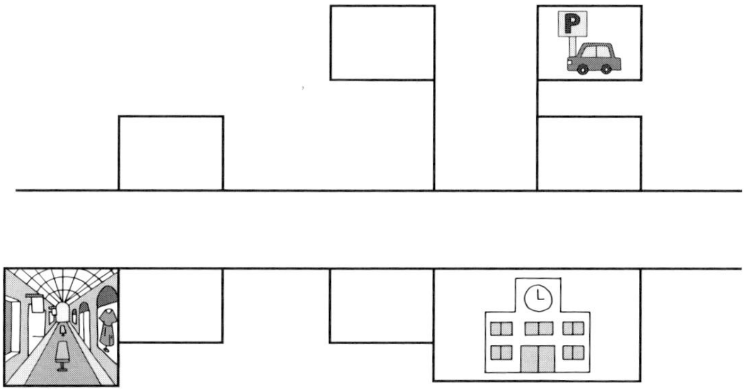

☞（　　）をうめて、説明を完成させよう。

학교 앞에 있어요　（意味：　　　　　　　　　　　　　）

편의점 옆에 있어요　（意味：　　　　　　　　　　　　　）

～에 で（　　　　　　）という意味になり、（　　　　　　）を表します。

4. 正しく書けた地図を1つ選んで、書いてみよう。

例 레스토랑은《は》 쇼핑센터 옆에 있어요 .

(1) ______________________________

(2) ______________________________

(3) ______________________________

(4) ______________________________

TASK 18 道案内しよう！②

1. 次の建物や施設を韓国語で言ってみよう。

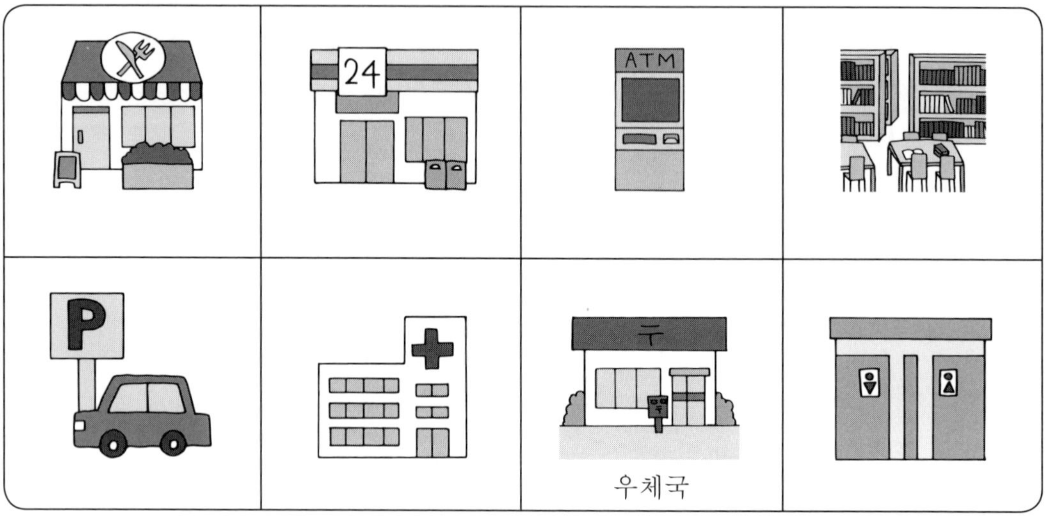

왼쪽으로　　곧장　　오른쪽으로

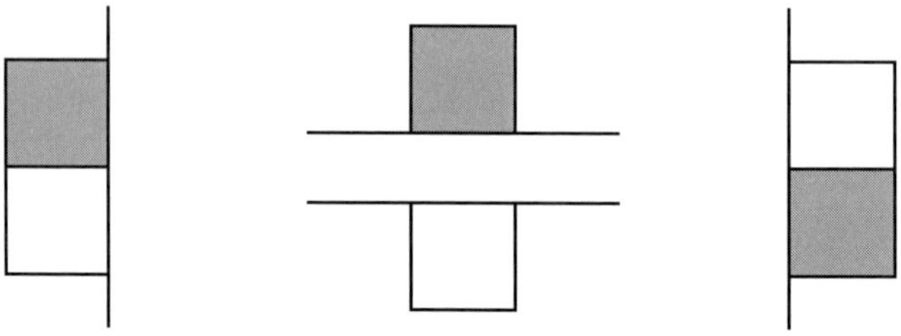

옆에　　앞에　　옆에

2. 会話例にならって、道案内してみよう。

A : (레스토랑) 있어요 ?

B : (왼쪽으로) 가세요 .　**方向**

(편의점) (앞에) 있어요 .　**場所**

3. STEP 1 1. にあった建物や施設を自由に配置して（ハングル、イラスト、どちらでもOK)、案内用の地図を完成させよう（友達には見せない）。

STEP 2 ペアで、今いる場所を決めよう（例：コンビニの前)。じゃんけんをして、勝った人（A）が道を尋ねる。案内役（B）は会話例にならって案内をする（地図は見せない）。Aは、案内に従って建物や施設を白地図に書き込む。よく分からない場合は、（建物や施設）（前／隣に）있어요？と聞き直す。地図が完成したら、案内用の地図を見せてもらい、正しく書けているか確認する。終わったら、案内役を交代しよう。

〈案内用の地図〉

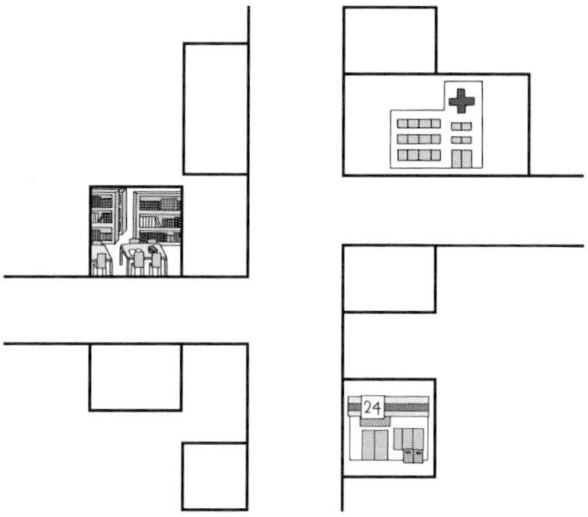

☞（　　）をうめて、説明を完成させよう。

오른쪽으로 가세요　（意味：　　　　　　　　　　　　　　　）

왼쪽으로 가세요　（意味：　　　　　　　　　　　　　　　）

～으로 で（　　　　　　　　）という意味になり、（　　　　　　　）を表します。

4. 正しく書けた地図を1つ選んで、書いてみよう。

例 병원은 왼쪽으로 가서《行って》 도서관 옆에 있어요.

(1)

(2)

(3)

(4)

TASK 19 注文しよう！ ハンバーガーショップで①

1. 次の食べ物や飲み物を韓国語で言ってみよう。

 햄버거《ヘムボゴ》		 치킨버거	 애플파이	
 콜라《コルラ》 (L)			 오렌지주스 (S)	 쉐이크《シェイク》

2. 会話例にならって、注文してみよう。

店員：어서 오세요《オセヨ》.

お客：(햄버거)(두 개)하고 (콜라) (한 개) 주세요.

店員：라지요？스몰이요？

お客：(라지) 주세요.

店員：드시고《トゥシゴ》 가세요？가지고《カジゴ》 가세요？

お客：먹고《モッコ》 갈게요《カルケヨ》. or 가지고 갈게요.

（먹고：食べて　갈게요：行きます　가지고：持って）

店員：(商品を渡しながら) 맛있게《マシッケ》 드세요.

お客：(商品を受け取って) 감사합니다.

한 개《ハンゲ》	두 개《トゥゲ》	세 개《セゲ》	네 개《ネゲ》
1個	2個	3個	4個

3. ペアでじゃんけんをして、勝った人が店員になろう。①負けた人（お客）は、３種類以内で自由に注文する。②店員は、注文された品物と数を聞き取って、オーダーシートに書き込む。品物カードを商品代わりに渡す。終わったら、店員役を交代しよう。最後は会話例を見ないで、会話の流れを見てできるようになろう。

会話の流れ　いらっしゃいませ　→　注文する　→　飲み物のサイズを確認する　→　答える　→　ここで食べるか、持ち帰るか聞く　→　答える　→　商品を渡す　→　お礼を言う

■：お客役

オーダーシート No. 1 •(a) ________ ____個 •(b) ________ ____個 •(c) ________ ____個 店内・持ち帰り	オーダーシート No. 2 •(a) ________ ____個 •(b) ________ ____個 •(c) ________ ____個 店内・持ち帰り
オーダーシート No. 3 •(a) ________ ____個 •(b) ________ ____個 •(c) ________ ____個 店内・持ち帰り	オーダーシート No. 4 •(a) ________ ____個 •(b) ________ ____個 •(c) ________ ____個 店内・持ち帰り
オーダーシート No. 5 •(a) ________ ____個 •(b) ________ ____個 •(c) ________ ____個 店内・持ち帰り	オーダーシート No. 6 •(a) ________ ____個 •(b) ________ ____個 •(c) ________ ____個 店内・持ち帰り

☞（　　）をうめて、説明を完成させよう。

한 개 주세요 （意味：　　　　　　　　　　）

두 개 주세요 （意味：　　　　　　　　　　）

하나《ハナ》 둘《トゥル》 셋《セッ》 넷《ネッ》は（ 1つ　　　　　　　　）という意味になり、
（　　　　　　　　）を言うときなどに使います。

4. オーダーシートを見ながら、お客が注文した内容を書いてみよう。

例 햄버거 두 개하고 콜라 한 개 주세요.

(1) ______________________________

(2) ______________________________

(3) ______________________________

(4) ______________________________

(5) ______________________________

TASK 20 注文しよう！ ハンバーガーショップで②

1. 正しい組み合わせを選んで線を引いてみよう。

100 円 ・	・サンベゲン 삼백 엔
200 円 ・	・オベゲン 오백 엔
300 円 ・	・パルベゲン 팔백 엔
400 円 ・	・イベゲン 이백 엔
500 円 ・	・ベゲン 백 엔
600 円 ・	・ユクペゲン 육백 엔
700 円 ・	・サベゲン 사백 엔
800 円 ・	・チルベゲン 칠백 엔
900 円 ・	・クベゲン 구백 엔

입《イム》니《ニ》다《ダ》

2. 会話例にならって、注文してみよう。

店員：（ メニューを見せながら ） 어서 오세요 .

お客：（ 치즈버거 ）（ 두 개 ）하고 （ 오렌지주스 ）（ 세 개 ） 주세요 .

店員：라지요？ 스몰이요？

お客：（ 스몰 ） 주세요 .

店員：드시고 가세요？ 가지고 가세요？

お客：먹고 갈게요 . or 가지고 갈게요 .

店員：（ 合計金額を計算して ） 600（ 육백 ） 엔입니다 .

お客：（ 代金を渡しながら ） 여《ヨ》기《ギ》 있어요 .

店員：（ 商品を渡しながら ） 맛있게 드세요 .

お客：（ 商品を受け取って ） 감사합니다 .

한《ハン》 개《ゲ》	두《トゥ》 개《ゲ》	세《セ》 개《ゲ》	네《ネ》 개《ゲ》
1 個	2 個	3 個	4 個

会話の流れ　いらっしゃいませ → 注文する → 飲み物のサイズを確認する → 答える → ここで食べるか、持ち帰るか聞く → 答える → 合計金額を伝える → 代金を渡す → 商品を渡す → お礼を言う

（網掛け）：お客役

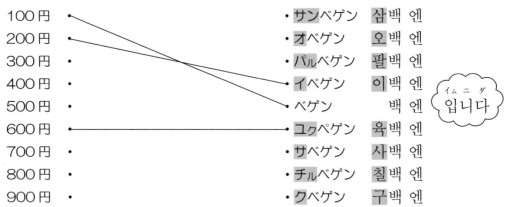

3. STEP 1 メニューシートに、店の名前（日本語でもOK）と、それぞれの品物の値段（100円単位で）を書こう。STEP 2 ペアでじゃんけんをして、勝った人が店員になろう。①負けた人（お客）は、1000円以内で自由に注文をする。②店員は、注文された品物と数を聞き取って、オーダーシートに書き込む。合計金額を計算して、お客に伝える。③お客はMoneyカードに、言われた金額を記入して店員に渡す。④店員は品物カードを商品代わりに渡す。終わったら、店員役を交代しよう。最後は会話例を見ないで、会話の流れを見てできるようになろう。

オーダーシート　No. 1 ・(a) ＿＿＿＿＿＿ ＿＿個 ・(b) ＿＿＿＿＿＿ ＿＿個 ・(c) ＿＿＿＿＿＿ ＿＿個 店内・持ち帰り　〈合計〉 ￥（　　　　）	オーダーシート　No. 2 ・(a) ＿＿＿＿＿＿ ＿＿個 ・(b) ＿＿＿＿＿＿ ＿＿個 ・(c) ＿＿＿＿＿＿ ＿＿個 店内・持ち帰り　〈合計〉 ￥（　　　　）
オーダーシート　No. 3 ・(a) ＿＿＿＿＿＿ ＿＿個 ・(b) ＿＿＿＿＿＿ ＿＿個 ・(c) ＿＿＿＿＿＿ ＿＿個 店内・持ち帰り　〈合計〉 ￥（　　　　）	オーダーシート　No. 4 ・(a) ＿＿＿＿＿＿ ＿＿個 ・(b) ＿＿＿＿＿＿ ＿＿個 ・(c) ＿＿＿＿＿＿ ＿＿個 店内・持ち帰り　〈合計〉 ￥（　　　　）
オーダーシート　No. 5 ・(a) ＿＿＿＿＿＿ ＿＿個 ・(b) ＿＿＿＿＿＿ ＿＿個 ・(c) ＿＿＿＿＿＿ ＿＿個 店内・持ち帰り　〈合計〉 ￥（　　　　）	オーダーシート　No. 6 ・(a) ＿＿＿＿＿＿ ＿＿個 ・(b) ＿＿＿＿＿＿ ＿＿個 ・(c) ＿＿＿＿＿＿ ＿＿個 店内・持ち帰り　〈合計〉 ￥（　　　　）

☞（　　）をうめて、説明を完成させよう。

이백 엔입니다（意味：　　　　　　　　　　）

일 이 삼 사は（ いち　　　　　　　　）という意味になり、
（　　　　　　　）を言うときなどに使います。

4. オーダーシートを見ながら、合計金額を書いてみよう。

例 600(육백)엔입니다 .

(1) ＿＿＿＿＿＿＿＿＿＿＿＿＿＿＿＿

(2) ＿＿＿＿＿＿＿＿＿＿＿＿＿＿＿＿

CS

Conversation Strategy

会話方略

Conversation Strategy 1

会話を始める

話を振る

会話を終える

Conversation Strategy 2

理解を示す

例) A: 이름이《名前は》 뭐예요 ?

B: (하나코) 입니다《イムニダ》《です》 .

A: 하나코《シャドーイング》 !

Pair work 1：가위바위보 しよう。勝った人から A。

A: 이름이 뭐예요 ?

B: (　名前　) 입니다《イムニダ》 .

A: ____________!

B: 너는 ? 이름이 뭐예요 ?

A: (　名前　) 입니다 .

B: ____________!

Pair Work 2：가위바위보 しよう。勝った人から A。

A: (나가사키) 출신《チュルシン》《出身》이에요 ?

○

B: 네 , (나가사키) 출신이에요 .

×

B: 아뇨 , (　地名　) 출신이에요 .

A: ____________!

B: 너는 ? (나가사키) 출신이에요 ?

Conversation Strategy 3

時間を稼ぐ

例）A: 짬뽕하고 사라우동 . 어느쪽을《オ ヌ チョグル》《どちらを》 좋아해요？

B: 어 ... 사라우동 좋아해요 .

Pair work 1：가위바위보 しよう。勝った人から A。

A: 짬뽕하고 사라우동 . 어느쪽을《オ ヌ チョグル》 좋아해요？

B: ＿＿＿＿＿＿（　答える　）

너는？　（　　）하고（　　）. 어느쪽을 좋아해요？

A: ＿＿＿＿＿＿（　答える　）

Pair work 2：가위바위보 しよう。勝った人から A。

A: 데이트 한다면《ハン ダ ミョン》《するとしたら》 어디《オ ディ》 가고 싶어요？

B: ＿＿＿＿＿＿（　場所　）가고 싶어요 .

너는？데이트 한다면 어디 가고 싶어요？

A: ＿＿＿＿＿＿（　場所　）가고 싶어요 .

Conversation Strategy 4

驚きを示す

例) A: 여자친구《彼女》 있어요 ?

B: 네 , 있어요 .

A: 진짜 !?

Pair work 1：가위바위보 しよう。勝った人から A。

A: 여자친구 있어요 ? or 남자친구《彼氏》 있어요 ?

B: (　答える　)

A: ____________!?

Pair work 2：가위바위보 しよう。勝った人から A。

A: 잘하는《チャラヌン》 요리 있어요 ?

B: 나는 (　得意な料理　) 잘해요《チャレヨ》 .

A: ____________!?

B: 너는 ? 잘하는 스포츠 있어요 ?

A: 나는 (　得意なスポーツ　) 잘해요 .

B: ____________!?

Conversation Strategy 5

同意を示す

例）A: 사랑해요 .

B: 나도 .

Pair work 1：가위바위보 しよう。勝った人から A。

(1) A: 보고 싶었어요《シポッソヨ》《会いたかったです》 .

B: __________

(2) A: (낫토) 싫어해요《シロエヨ》《嫌いです》 .

B: __________

Pair work 2：가위바위보 しよう。勝った人から A。

A: 보고 싶은《シップン》 영화 있어요 ?

B: (　見たい映画　) 보고 싶어요 .

A: __________

B: 너는 ?　싫어하는《シロハヌン》 야채《ヤチェ》 있어요 ?

A: (　嫌いな野菜　) 싫어해요 .　例 : 피망 토마토 오이《オイ》《キュウリ》 가지《カジ》《なす》

B: __________

Conversation Strategy 6

同意を示す

例）A: 건《コン》강《ガン》이《イ》 최《チェ》고《ゴ》예《エ》요《ヨ》.

健康が　一番

B: 맞아요.

Pair work 1：가위바위보 しよう。勝った人から A。

(1) A: 건강이 최고예요.

B: ____________

(2) A: 고《コ》향《ヒャン》이《イ》 최고예요.

故郷（地元）が

B: ____________

Pair work 2：가위바위보 しよう。勝った人から A。

A:（　国名　）의《エ》 수도는？　　例：호주 미국 한국

の　首都　　豪州　米国　韓国

B:（　答える　）

A: ____________

Conversation Strategy 7

理解を示す

例）A: 어떤《オットン》《どんな》 스포츠 좋아해요？

B: 저는 축구 좋아해요．

A: 알겠어요！

Pair work 1：가위바위보 しよう。勝った人から A。

A: 어떤 스포츠 좋아해요？

B: 저는 （ 好きなスポーツ ） 좋아해요．

A: ____________!

B: 어떤 （　　） 좋아해요？　　例：노래《歌》 요리《料理》 영화《ヨンファ》《映画》

A:（ 答える ）

B: ____________!

Pair work 2：가위바위보 しよう。勝った人から A。

A: 어디 사세요？ or 어디 살아요？

B:（ 나가사키 ） 살고 있어요． or （ 나가사키 ） 살아요．

A:（ 나가사키 ） 어디 사세요？ or （ 나가사키 ） 어디 살아요？

B:（ 地名 ）살고 있어요． or （ 地名 ）살아요．

A: ____________!

Conversation Strategy 8

不明を示す

例) A: 안녕하세요 ? 저는 하나코예요 .

小さい声で

B: 다시 한번 말해 주세요 .

A: 하나코예요 .

大きい声で

Pair work 1：가위바위보 しよう。勝った人から A。

A: 안녕하세요 ? 저는 (　自分の名前　) 예요 .

小さい声で

B: ____________

A: (　自分の名前　) 예요 .

大きい声で

Pair work 2：가위바위보 しよう。勝った人から A。

A: (　食べ物　) 먹어 본 적이 있어요 ?

小さい声で

B: ____________

A: (　食べ物　) 먹어 본 적이 있어요 ?

大きい声で

B: (　答える　)

フォーカスオンフォームで身につく

トライ！コリアン！

検印
廃止

© 2023年1月30日　初版発行

著　者　ゆう きょんみ（劉 卿美）

発行者　原　雅久

発行所　株式会社　朝日出版社
101-0065 東京都千代田区西神田3－3－5
電話（03）3239-0271・72（直通）
振替口座　東京　00140-2-46008
http://www.asahipress.com/
倉敷印刷

乱丁，落丁本はお取り替えいたします

ISBN978-4-255-55697-0 C1087